京华通览
历史文化名城
主编／段柄仁

西单

刘岳／著

北京出版集团公司
北京出版社

图书在版编目（CIP）数据

西单 / 刘岳著. — 北京：北京出版社，2018.3
（京华通览）
ISBN 978-7-200-13440-7

Ⅰ. ①西… Ⅱ. ①刘… Ⅲ. ①商业区—介绍—西城区 Ⅳ. ①F727.1

中国版本图书馆CIP数据核字（2017）第267096号

出版人　曲　仲
策　划　安　东　于　虹
项目统筹　孙　菁　董拯民
责任编辑　孙　菁　徐铭璐
封面设计　田　晗
版式设计　云伊若水
责任印制　燕雨萌

《京华通览》丛书在出版过程中，使用了部分出版物及网站的图片资料，在此谨向有关资料的提供者致以衷心的感谢。因部分图片的作者难以联系，敬请本丛书所用图片的版权所有者与北京出版集团公司联系。

西单
XIDAN
刘岳　著

北京出版集团公司
北京出版社　出版

*
（北京北三环中路6号）
邮政编码：100120

网　址：www.bph.com.cn
北京出版集团公司总发行
新　华　书　店　经　销
天津画中画印刷有限公司印刷

*
880毫米×1230毫米　32开本　7.5印张　149千字
2018年3月第1版　2022年11月第3次印刷
ISBN 978-7-200-13440-7
定价：45.00元

如有印装质量问题，由本社负责调换
质量监督电话：010-58572393

《京华通览》编纂委员会

主　任　段柄仁
副主任　陈　玲　曲　仲
成　员　（按姓氏笔画排序）
　　　　于　虹　王来水　安　东　运子微
　　　　杨良志　张恒彬　周　浩　侯宏兴
主　编　段柄仁
副主编　谭烈飞

《京华通览》编辑部

主　任　安　东
副主任　于　虹　董拯民
成　员　（按姓氏笔画排序）
　　　　王　岩　白　珍　孙　菁　李更鑫
　　　　潘惠楼

序一

PREFACE

擦亮北京"金名片"

段柄仁

北京是中华民族的一张"金名片"。"金"在何处？可以用四句话描述：历史悠久、山河壮美、文化璀璨、地位独特。

展开一点说，这个区域在 70 万年前就有远古人类生存聚集，是一处人类发祥之地。据考古发掘，在房山区周口店一带，出土远古居民的头盖骨，被定名为"北京人"。这个区域也是人类都市文明发育较早，影响广泛深远之地。据历史记载，早在 3000 年前，就形成了燕、蓟两个方国之都，之后又多次作为诸侯国都、割据势力之都；元代作为全国政治中心，修筑了雄伟壮丽、举世瞩目的元大都；明代以此为基础进行了改造重建，形成了今天北京城的大格局；清代仍以此为首都。北京作为大都会，其文明引领全国，影响世界，被国外专家称为"世界奇观""在地球表面上，人类最伟大的个体工程"。

北京人文的久远历史，生生不息的发展，与其山河壮美、宜生宜长的自然环境紧密相连。她坐落在华北大平原北缘，"左环沧海，右拥太行，南襟河济，北枕居庸""龙蟠虎踞，形势雄伟，南控江淮，北连朔漠"。是我国三大地理单元——华北大平原、东北大平原、蒙古高原的交汇之处，是南北通衢的纽带，东西连接的龙头，东北亚环渤海地区的中心。这块得天独厚的地域，不仅极具区位优势，而且环境宜人，气候温和，四季分明。在高山峻岭之下，有广阔的丘陵、缓坡和平川沃土，永定河、潮白河、拒马河、温榆河和蓟运河五大水系纵横交错，如血脉遍布大地，使其顺理成章地成为人类祖居、中华帝都、中华人民共和国首都。

这块风水宝地和久远的人文历史，催生并积聚了令人垂羡的灿烂文化。文物古迹星罗棋布，不少是人类文明的顶尖之作，已有1000余项被确定为文物保护单位。周口店遗址、明清皇宫、八达岭长城、天坛、颐和园、明清帝王陵和大运河被列入世界文化遗产名录，60余项被列为全国重点文物保护单位，220余项被列为市级文物保护单位，40片历史文化街区，加上环绕城市核心区的大运河文化带、长城文化带、西山永定河文化带和诸多的历史建筑、名镇名村、非物质文化遗产，以及数万种留存至今的历史典籍、志鉴档册、文物文化资料，《红楼梦》、"京剧"等文学艺术明珠，早已成为传承历史文明、启迪人们智慧、滋养人们心灵的瑰宝。

中华人民共和国成立后，北京发生了深刻的变化。作为国家首都的独特地位，使这座古老的城市，成为全国现代化建设的领头雁。新的《北京城市总体规划（2016年—2035年）》的制定和中共中央、国务院的批复，确定了北京是全国政治中心、文化中心、国际交往中心、科技创新中心的性质和建设国际一流的和谐宜居之都的目标，大大增加了这块"金名片"的含金量。

伴随国际局势的深刻变化，世界经济重心已逐步向亚太地区转移，而亚太地区发展最快的是东北亚的环渤海地区、这块地区的京津冀地区，而北京正是这个地区的核心，建设以北京为核心的世界级城市群，已被列入实现"两个一百年"奋斗目标、中国梦的国家战略。这就又把北京推向了中国特色社会主义新时代谱写现代化新征程壮丽篇章的引领示范地位，也预示了这块热土必将更加辉煌的前景。

北京这张"金名片"，如何精心保护，细心擦拭，全面展示其风貌，尽力挖掘其能量，使之永续发展，永放光彩并更加明亮？这是摆在北京人面前的一项历史性使命，一项应自觉承担且不可替代的职责，需要做整体性、多方面的努力。但保护、擦拭、展示、挖掘的前提是对它的全面认识，只有认识，才会珍惜，才能热爱，才可能尽心尽力、尽职尽责，创造性完成这项释能放光的事业。而解决认识问题，必须做大量的基础文化建设和知识普及工作。近些年北京市有关部门在这方面做了大量工作，先后出版了《北京史》（10卷本）、《北京百科全书》（20卷本），各类志书近900种，以及多种年鉴、专著和资料汇编，等等，为擦亮北京这张"金名片"做了可贵的基础性贡献。但是这些著述，大多是服务于专业单位、党政领导部门和教学科研人员。如何使其承载的知识进一步普及化、大众化，出版面向更大范围的群众的读物，是当前急需弥补的弱项。为此我们启动了《京华通览》系列丛书的编写，采取简约、通俗、方便阅读的方法，从有关北京历史文化的大量书籍资料中，特别是卷帙浩繁的地方志书中，精选当前广大群众需要的知识，尽可能满足北京人以及关注北京的国内外朋友进一步了解北京的历史与现状、性质与功能、特点与亮点的需求，以达到"知北京、爱北京，合力共建美好北京"的目的。

这套丛书的内容紧紧围绕北京是全国的政治、文化、国际交往和科技创新四个中心，涵盖北京的自然环境、经济、政治、文化、社会等各方面的知识，但重点是北京的深厚灿烂的文化。突出安排了"历史文化名城""西山永定河文化带""大运河文化带""长城文化带"四个系列内容。资料大部分是取自新编北京志并进行压缩、修订、补充、改编。也有从已出版的北京历史文化读物中优选改编和针对一些重要内容弥补缺失而专门组织的创作。作品的作者大多是在北京志书编纂中捉刀实干的骨干人物和在北京史志领域著述颇丰的知名专家。尹钧科、谭烈飞、吴文涛、张宝章、郗志群、马建农、王之鸿等，都有作品奉献。从这个意义上说，这套丛书中，不少作品也可称"大家小书"。

总之，擦亮北京"金名片"，就是使蕴藏于文明古都丰富多彩的优秀历史文化活起来，充满时代精神和首都特色的社会主义创新文化强起来，进一步展现其真善美，释放其精气神，提高其含金量。

2017 年 11 月

目录

CONTENTS

引子：瞻云牌楼 / 1

掌故·西单

李阁老胡同 / 4

郑亲王府 / 11

镇国公屯齐宅第 / 16

绵德贝子府 / 18

林清起义攻打紫禁城 / 26

载洵贝勒府与福寿商场 / 29

名店·西单

乐仁堂 / 37

亨得利钟表眼镜店 / 40

西单商场的前世今生 / 43

厚德商场 / 44

福寿商场 / 50

益德商场 / 55

西单大火后兴建的临时商场 / 56

南杂技场变身惠德商场 / 59

福德商场 / 60

西单商场的今生 / 61

成文厚——"账簿第一家" / 65

万里鞋店 / 69

西单第一理发馆 / 71

西单菜市场 / 75

西单劝业场 / 78

华威大厦 / 81

西单购物中心 / 83

美特斯·邦威西单旗舰店 / 85

从中友到汉光 / 88

君太百货 / 90

西单 109 婚庆珠宝大楼 / 92

西单大悦城 / 93

西单老佛爷百货 / 95

中国银行总行大厦 / 97

美食·西单

长安街上"十二春" / 102

天源酱园 / 109

天福号酱肘子 / 115

"开国第一宴"与玉华台饭庄 / 120

曲园酒楼 / 129

鸿宾楼 / 134

桂香村 / 138

文化·西单

徐志摩的"新月"家园 / 144

侯宝林开始单独说相声的地方 / 148

启明茶社 / 152

孕育北京曲剧的地方 / 159

从哈尔飞戏院到西单剧场 / 163

从新新大戏院到首都电影院 / 171

长安大戏院 / 174

欧亚照相馆 / 180

国泰照相馆 / 183

北京图书大厦 / 185

西单文化广场 / 188

红色·西单

蒙藏学校的红色种子 / 192

"桃李满天下"的中国大学 / 199

辟才胡同大锄奸 / 205

九九照相馆 / 211

小酱坊胡同的一个院子 / 219

后　记 / 225

2008年复建的西单牌楼

引子：瞻云牌楼

北京的西单，可谓大名鼎鼎，无人不知无人不晓。可要是细细追问，西单这名号是咋来的，恐怕能说清楚的人就不多了。

早年间，西单路口有一座四柱三楼油漆彩画、木结构的冲天式牌楼，题名"瞻云"，与东单的"就日"牌楼遥相呼应。因为是一座牌楼或者说是单座牌楼，"瞻云"牌楼俗称西单牌楼，"就日"牌楼俗称东单牌楼，牌楼所在的地界也就简称"西单""东单"了。这两座牌楼曾经是标志性建筑，带有"东边看日出，西边看彩云"

的美好含义。《故都变迁纪略》卷六载"西单牌楼民国十二年(1923年)拆毁"。2008年北京奥运会前夕,西单牌楼在西单文化广场改造中得以复建。

由于西单牌楼的缘故,牌楼以北的大街叫作"西单北大街"。不过,不同时期的叫法并不一样。清代,西单北大街南段称西单牌楼大街、瞻云坊北大街或宣武街;因为辟才胡同东口有一座石桥叫甘石桥,所以北段称甘石桥街。后来南北两段合并,统称西单北大街。"文化大革命"中曾一度改名叫"红旗大街""延安路"。不过,时间不长又改回来了。

现如今的西单北大街,南起西单路口,北到丰盛胡同、大酱坊胡同,全长1288米,是北京繁华的商业中心之一。本书名曰《西单》,但内容不止讲西单,还涵盖了整个西单北大街从明代到今朝的掌故、店铺、美食、文化、红色故事等。

西单是大伙儿喜欢的地方、知名的商业区,但愿这本小册子也能让您喜欢。

1958年的西单路口

掌故·西单

明清之际，西长安街附近衙署众多，不仅官宦名臣云集，也吸引了不少文人墨客。明成祖朱棣的军师姚广孝的赐第就在西单的大木仓胡同；茶陵诗派代表李东阳的故宅在力学胡同；清末以培养科学知识为目的的"进士馆"校址后来也设在这里，进士馆成为北平大学法学院的前身。今天的民族大世界商场，曾是清贝子府，还曾是吴应熊府邸。《红楼梦》的作者曹雪芹也曾在位于西单的右翼宗学当差。

李阁老胡同

力学胡同,要是从字面上琢磨,好像和物理学上的力学有什么关系,但实际上,那曾是一条以人的名字命名的胡同,叫李阁老胡同。1965年,因为胡同的名字涉嫌"四旧",改为力学胡同,取"努力学习"之意。

明代,官做到内阁首辅的位置就被视为一代阁老。有两位阁老先后住在李阁老胡同:一位是李贤,另一位是李东阳。到底胡同因为哪位李阁老得名,就不得而知了。

李东阳的书法作品

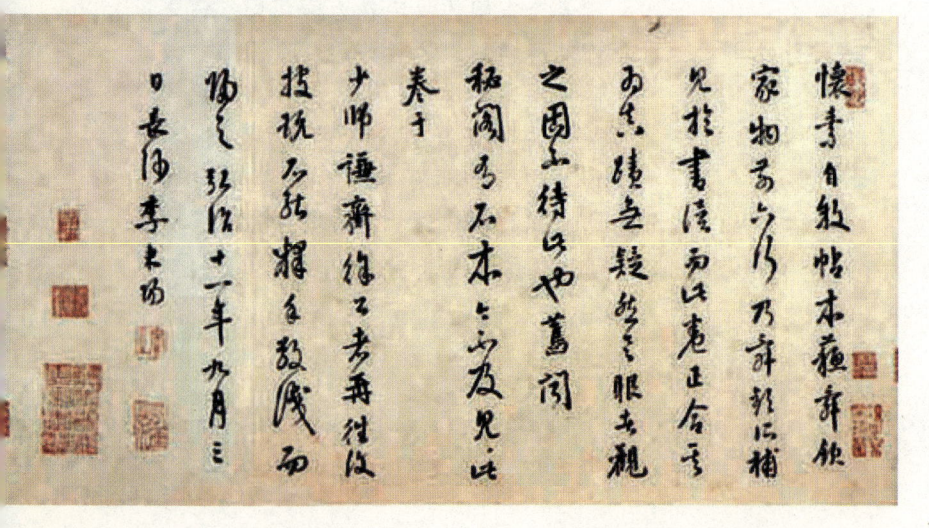

李贤①历经明宣德、正统、景泰、天顺、成化五朝。在任期间，经历了土木堡之变、明英宗复辟等重大历史事件。朝野一片动荡，他却毫发未损，可见为官之道多么老辣。比如他拥戴明景帝，是景帝的重臣，当英宗复辟之后问他：为什么没有参加拥护复位的"夺门之变"？李贤回答：江山社稷本来就该是您的，何必去"夺"？应答得天衣无缝，老到得很。现如今李贤在他的家乡河南邓县，名气还很大，被尊为一代贤相。他的墓地完好地保存在青山绿水之间，乡亲们觉得那是他们的光荣。

李东阳画像

稍晚的李阁老李东阳②历经明天顺、成化、弘治、正德四朝。赶上乱政，举国上下怨声载道，忠直的官员被放逐殆尽，唯独他不助纣为虐，与刘瑾③委蛇周旋，在维护皇权的同时，尽力保护一些官员，替百姓做了点儿好事，口碑还不错。

打小儿就生长在北京的李东阳，先住在后海的西沿，后来才搬到李阁老胡同。据说他4岁能作大楷，景泰年间作为神童被推

---

① 李贤（1408—1467年）：河南邓县人，字原德，管至首辅一职，为官清廉正直，政绩卓著，是明朝文官中的治世良臣之一。

② 李东阳（1447—1516年）：湖南茶陵人，字宾之，号西涯。明代诗人、书法家，"茶陵诗派"的代表。为官50年，曾任礼部尚书兼文渊阁大学士等职。

③ 刘瑾（1451—1510年）：陕西兴平人，本姓谈，明代权宦之一，当时有"立皇帝"之称。明正德五年（1510年），被凌迟处死。

位于蓟门桥元大都城墙遗址的"蓟门烟树"石碑

荐给皇帝。内侍扶他过殿,见他人小腿短,就说:"神童腿短。"他马上应声:"天子门高。"进入大殿,让他书写"龙、凤、龟、麟"等10余字。皇上很高兴,抱起他放到膝盖上,给他珍奇的果子吃。当时他的父亲正侍立在丹墀下,皇帝说:"子坐父立,礼乎?"他又马上应声曰:"嫂溺叔援,权也。"

李东阳是湖南茶陵人,当时被誉为"茶陵诗派"[①]的代表,在明代的文学史上可谓独树一帜。由于他长期生活在北京,燕京山水自然成为创作对象。他在《京都十景·蓟门烟树》中写道:

蓟门城外访遗踪,树色烟光远更重。飞雨过时青未了,落花残处绿还浓。

[①] "茶陵诗派":明代成化、正德年间的诗歌流派。当时社会弊病日渐严重,以李东阳为首的"茶陵诗派"针对台阁体卑冗猥琐的风气,提出"轶宋窥唐""诗学汉唐"的复古主张,以图振兴文坛。

路迷南郭将三里，望断西林有数峰。坐久不知迟日霁，隔溪僧寺午时钟。

李东阳还是一位具有民本思想、较为正直的官吏，即使描山画水，也不忘国事民瘼。他在《游岳麓寺》中吟道：

危峰高瞰楚江干，路出羊肠第几盘。万树松杉双径合，四山风雨一僧寒。

平沙浅草连天远，落日孤城隔水看。蓟北湘南俱到眼，鹧鸪声里独凭栏。

辞官之后，李东阳回到了湖南老家。自李东阳之后，李阁老胡同的墨香气一直很浓。清光绪二十九年（1903年）、三十年（1904年），朝廷举行最后两次科举考试，并要求中进士的学子要入进士馆学习实学，以适应朝廷对人才的需求。

清光绪二十九年（1903年）一月，京师大学堂增设"进士馆"，目的是向新进士传授科学知识和政法知识，培养新进士成为"果、达、艺"的优秀从政人才，进士馆校址就设在李阁老胡同。清光绪三十年也就是1904年5月26日，进士馆正式开馆。《进士馆章程》规定，进士在这里"以明彻中外大局，并于法律、交涉、学校、理财、农、工、商、兵八项政事皆能知其大要为成效。每日讲堂功课四点钟，三年毕业"。凡年龄在35岁以下的新进士必须入馆学习，由所在省籍发放补贴。"仕学馆"并入进士馆后，

清代末科状元刘春霖

也由马神庙迁至李阁老胡同。然而，进士馆设立才一年多，科举制便废止了，也就没有后续学员了。清光绪三十二年（1906年），进士馆改为"京师政法学堂"，完全脱离了京师大学堂。京师政法学堂就是北平大学法学院的前身。

清代末科状元刘春霖①是"第一人中最后人"。据说他高中状元实属偶然，还有一段趣事。清光绪三十年（1904年）清廷照例举行殿试，主考大臣把入选的试卷按名次排列，呈请慈禧老佛爷"钦定"。

当时慈禧老佛爷正准备做七十大寿，想从科举考试中讨点儿吉兆。翻开头名试卷，一看是广东人朱汝珍，这气儿就不打一处来——"珍"字让她想起了珍妃，朱汝珍"广东人"的籍贯让她联想到洪秀全、康有为、梁启超、孙中山……这些大清朝的"首逆"都是广东人，怎么能让广东人得头名状元！朱汝珍的试卷被慈禧老佛爷扔到了一边。

翻开第二份试卷，慈禧老佛爷高兴了，这名字好哇——"刘春霖"。"春霖"含"春风化雨、甘霖普降"之意。刘春霖的籍贯"肃宁"也好哇，象征"肃静安宁"，这对摇摇欲坠的清廷是"吉兆"。于是，慈禧老佛爷大笔圈定刘春霖为头名状元。之后，刘春霖随他的"同年们"入李阁老胡同的进士馆，后来留学日本，入东京法

---

①刘春霖（1872—1944年）：字润琴，号石云，直隶肃宁人，清光绪三十年（1904年）甲辰科状元，亦是中国历史上最后一名状元。他诗书画造诣极高，尤擅小楷，有"楷法冠当世，后学宗之"之誉，至今书法界仍有"大楷学颜（真卿）、小楷学刘（春霖）"之说。1944年因心脏病突发与世长辞，时年72岁。

政大学深造。光绪三十三年（1907年）回国后，历任咨政院议员、福建提学使、直隶法政学校监督等职。民国初年，任袁世凯大总统府内史。1917年，任中央农事试验场场长。

1931年九一八事变后，日伪当局企图借助刘春霖的名声，三次动员其出任伪职，都被他严词拒绝。第一次是伪满洲国的大汉奸郑孝胥，以重金拉他去长春任伪满洲国辅政；第二次是卢沟桥事变后大汉奸王揖唐①，以他同科进士、留日同学的交情，让他出任伪北京市长；第三次还是王揖唐，请他加入伪华北政务委员会。刘春霖的"不识抬举"让日伪当局恼羞成怒，抄了他的家，将他收藏的书画珍玩洗劫一空，并将其全家扫地出门。这件事引起舆论哗然。大汉奸王揖唐迫于压力，才允许他回家，并让刘春霖用重金赎回书画，发还了抄走的财物。经此灾难，刘春霖身心受到巨大摧残。1944年腊月廿四去世，享年72岁。

相传，力学胡同47号就是李东阳故居的位置，历经几百年演变，这儿先后建立过北平铁道管理学院、力学小学。

光绪三十四年（1908年），清政府邮传部创立的"铁道管理传习所"在李阁老胡同开办，训练铁路管理人才。1920年，北洋政府把京、津、唐三地的铁路学校合并，校名改为交通大学。1937年七七事变后，师生离散，校舍被日军占领。1946年校产

---

①王揖唐（1877—1948年）：名赓、志洋，字什公、一堂、逸堂、慎吾，安徽合肥人。清末最后一次科举考试，殿试高中二甲第五名进士。他曾任袁世凯秘书，洪宪男爵，北洋上将，安福系主将。抗战时期叛国投敌，1948年以汉奸罪被枪决。

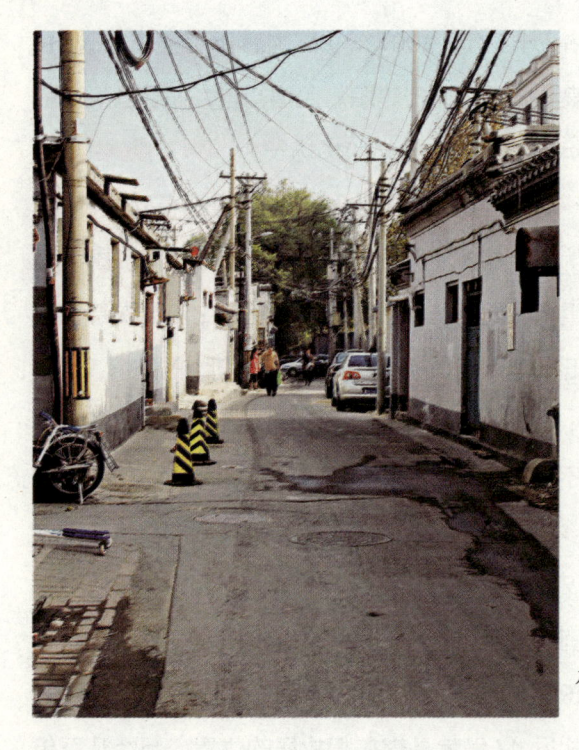

力学胡同

收回后，改为国立北平铁道管理学院。这所学校有着光荣的革命传统。1919年五四运动期间，北京13所学校三千多名学生齐集天安门前，发出"外争主权、内除国贼"的呐喊，该校是13所学校之一；1926年三一八惨案中，该校毕业生李廉桢壮烈牺牲，4名学生受伤；1935年"一二·九"运动中，该校千名学生走上街头；1948年，学院中几个中共地下党组织合并，成立了支部，迎接北平解放；1951年，学院迁往西直门外，现为北京交通大学。原址现为西城区力学小学。

郑亲王府

有明一代,明成祖朱棣的和尚军师姚广孝①的赐第就在西单北大街路西的大木仓胡同。有清一代,"八大铁帽子王"之一的和硕郑亲王济尔哈朗②因拥护帝统有功,顺治皇帝御赐的王府也在大木仓胡同。济尔哈朗是清太祖努尔哈赤三弟舒尔哈齐之子。崇德元年(1636年)以军功封为和硕郑亲王,成为清初著名的"八大铁帽子王"之一。崇德八年(1643年),皇太极在盛京(今沈阳)清宁宫猝死,皇位谁来继承?皇室内部争夺激烈。镶蓝旗旗主济尔哈朗暗中拥戴皇太极第九子、6岁的福临继承大统,也就是后来的顺治皇帝。

顺治帝登基后,济尔哈朗、多尔衮共同辅政。这一年,济尔

---

①姚广孝(1335—1418年):苏州长洲县(今江苏苏州)人,汉族,元末明初政治家、高僧。元至正十二年(1352年)出家为僧,法名道衍,字斯道,自号逃虚子。他是明成祖朱棣的谋士、靖难之役的主要策划者。姚广孝墓塔位于房山区常乐寺村北,八角形九级密檐式砖塔,通高33米,正面门楣之上嵌方石一块,其上楷书:"太子少师赠荣国恭靖公姚广孝之塔",塔前立有明成祖朱棣"敕建姚广孝神道碑"一座。

②济尔哈朗(1599—1655年):即爱新觉罗·济尔哈朗,清太祖努尔哈赤同母弟舒尔哈齐第六子、第一代和硕郑亲王,经历了清太祖努尔哈赤、清太宗皇太极、清世祖三朝。

郑亲王府南门

哈朗45岁，多尔衮32岁。但他主动要求将自己排在多尔衮之下，并要求诸王大臣商讨国事时，只报告多尔衮不必报告自己。担任辅政王后，他在盛京尽心辅佐幼帝，多尔衮率领大军直捣北京。济尔哈朗护驾进京后，顺治封他为"信义辅政叔王"（清代仅有多尔衮和济尔哈朗被封为"叔王"）。多尔衮为人专擅，权欲极强。济尔哈朗一事当前，明哲保身，所以他对多尔衮一味退让，甘居下风，但隐忍退让却没能保住自己的权位。尽管多尔衮的王府壮丽不亚于皇宫，但他却以济尔哈朗王府殿基逾制，又擅用铜狮、龟、鹤[1]为由，罢黜了济尔哈朗的辅政王王位并罚银二千，辅政王换成了多铎[2]。

顺治七年（1650年），39岁的多尔衮病死，济尔哈朗获得转机。他审时度势，联合诸王参劾多尔衮一党，结束了皇室内斗，还大权于顺治皇帝。顺治皇帝14岁亲政，济尔哈朗选择功成身退，称号只是"叔和硕郑亲王"，不再主掌朝政，57岁寿终正寝，葬于京郊白石桥。顺治帝诏令休朝7天（大清朝仅有济尔哈朗享此殊荣），赠祭葬银万两，置守陵园10户，并立碑记功。康熙十年（1671年），追谥号为"献"；乾隆十九年（1754年），入祀盛京贤王祠；乾隆四十三年（1778年），下诏配享太庙，复嗣王封号为"郑"。

从顺治八年（1651年）至乾隆四十三年（1778年），郑亲王改称"简亲王"，所以郑亲王一系有郑、简两个封号，共封袭了17位亲王。

郑亲王府东起郑王府夹道、西至二龙坑（今二龙路）、北到劈柴胡同（今辟才胡同）、南至大木仓胡同，占地80余亩，房屋

---

[1]《钦定大清会典》卷五十八，工部记载：亲王府制为正门5间，启门3，缭以崇垣，基高3尺。正殿7间，基高4尺5寸。翼楼各9间。前墀护以石栏，台基高7尺2寸，后殿5间，基高2尺。后寝7间，基高2尺5寸，后楼7间，基高尺有8寸。共屋5重。正殿设座，基高1尺5寸，广度11尺，后列屏3，高8尺，绘金云龙。凡正门殿寝均覆盖绿琉璃瓦，背安吻兽，门柱丹垩，饰以五彩金云龙纹，禁雕刻龙首，压脊7种。门钉纵9横7。

[2]多铎（1614—1649年）：即爱新觉罗·多铎，努尔哈赤第十五子，与多尔衮为同母兄弟，封豫亲王。

900余间,是当时的四大王府之一。王府自东而西分三路,东路前驱突出,是王府主要殿宇所在;中、西路随街势而退缩,中路为一个院落,西路为花园。

郑亲王府建成后有过几次大变故。

一次是乾隆十三年(1748年),济尔哈朗的后人"神保住"被夺爵,王位"飞"到了本家德沛的名下。德沛历任国子监祭酒、吏部尚书,承袭简亲王爵位后,发现王府"邸库中存贮银数万两",很是惊诧,对手下人说:"此是祸根也。不可不急消耗之,无贻祸于后人也。"于是,德沛将银子发给府中的下人一部分,其余用来修建府中的花园——惠园,"引池叠石,饶有兴致。传是李笠翁手笔",成为京师王邸花园中的最佳者。德沛还特意在园中立了一块石碑,记述建园的经过,说明建园经费是用王俸自掏腰包。乾隆十七年(1752年),德沛死了,简亲王又"飞"回来了,济尔哈朗的后人奇通阿被封为简亲王。

郑亲王府内现存的老建筑

再一次是"辛酉政变"。17位郑、简亲王中除济尔哈朗外，最著名的就是端华。道光皇帝驾崩时，端华是顾命大臣之一；咸丰皇帝驾崩时，他和怡亲王载垣、肃顺等8人"尽心辅弼，赞襄一切政务"。端华本人庸碌无能，基本听弟弟肃顺的。不久，慈禧太后和恭亲王奕䜣发动"辛酉政变"，肃顺被杀，端华、载垣赐自尽。端华因为身体肥胖，上吊的丝帛断了掉在地上，二次吊起方才气绝。端华死了，郑亲王府也被收回了。同治三年（1864年），郑亲王府赏给了道光皇帝的第八个儿子、钟郡王奕詥。当年，太平天国的首都天京（今南京）被湘军攻陷，朝廷推恩赏还了郑亲王的爵位，但王府没有还。直到同治十年（1871年），庆至承袭郑亲王爵位时，才回到郑亲王府居住。

第三次是光绪二十六年（1900年）的"庚子之变"。八国联军攻入北京城后，郑亲王凯泰逃到了河北固安，并死在了当地。而末代郑亲王昭煦是个"暮生"，在父亲凯泰死后两个月才降生，光绪二十八年（1902年）承袭了王爵，成为末代郑亲王。

清朝覆亡之后，王府经济陷入困境。1918年，昭煦以2500元的价格将郑亲王府祠堂卖给了新街口南大街路西的高阳李家。几年之后，他又以郑亲王府为抵押，向西什库天主教堂神父包世杰借款十余万元。因借款到期，无力归还，教堂起诉至法院，要求收取王府房地产抵债。1923年，郑亲王府被京师地方审判厅查封。1925年6月，中国大学向比利时营业公司借款15.5万银圆，替王府偿还了债务，取得了王府和花园共900余间房屋及80余亩地皮的所有权，并聘请昭煦为大学校董。同年9月，中国大学迁入王府新址开学。

1948年，北平中电三厂拍摄了一部由谢添、白光主演的恐怖电影《十三号凶宅》。剧情以郑亲王府为背景，讲述郑亲王被八国联军用战马拖死后，王府日趋没落，王族中一对兄妹私通，生下了私生女。私生女长大后，经常穿着白衣在王府里夜游。当时的宣传海报还使用了诸如"王府之夜，鬼影憧憧。奇情怪闻，兄妹私通。即日上映，勿失良机"这样煽惑性的广告语言。

《十三号凶宅》以真人实地为背景编造故事，引起了住在京城的末代郑亲王昭煦的诉讼。中国大学也以电影渲染恐怖、影响学校招生为由要求禁映。当时这一案件闹得满城风雨，最终法院判决电影厂赔偿末代郑亲王昭煦，将电影中的"郑亲王府"改成"正亲王府"后获准上映。

如今，郑亲王府是国家教育部所在地，办公区大门改在北边的辟才胡同。王府新建了不少现代的楼房，无论是平面布局还是空间的天际线，都失去了舒缓的美感。

镇国公屯齐宅第

屯齐是庄亲王舒尔哈齐之孙，不过他只是个三等镇国将军，后来才追封贝勒。

屯齐战功不小。他跟随郑亲王济尔哈朗攻克锦州、松山、杏山，九战九胜，受伤后被封为辅国公。顺治元年（1644年），他晋封贝子，又随从豫亲王多铎平陕西、河南；后与贝勒尼堪下江南追至芜湖，俘获南明弘光皇帝朱由崧①，授镶蓝旗满洲固山额真。

明代福王朱常洵

顺治五年（1648年），陕西发生回民起义，屯齐被任命为平西大将军，率师镇压。顺治六年（1649年），晋贝勒封爵。顺治九年（1652年），跟随定远大将军尼堪南征，不料尼堪战殁，屯齐代为定远大将军，镇压李定国农民起义军。顺治十一年(1654年)，在衡州惨遭败绩，被削贝勒封爵，第二年授予镇国公品级。这就是小酱坊胡同镇国公屯齐宅第名号的由来。

《京师坊巷志稿》转引《啸亭续录》记载：镇国公屯齐宅在甘石桥东侧，东面、南面都是小酱坊胡同，北面与贝勒尚善的府邸为邻。之后，这所宅第一直由屯齐的后人居住，到1924年，屯齐后裔平如将这所宅子卖了，搬到白塔寺西廊下3号居住。②解放后，小酱坊胡同27号镇国公屯齐宅第部分是傅作义先生的住所、31号部分是中组部机关服务中心幼儿园。

---

① 朱由崧（1607—1646年）：南明皇帝，明福王朱常洵之子，崇祯十六年（1643年）袭封福王。明亡后在南京称帝，建元弘光，史称南明。其昏庸无能、沉湎酒色，清顺治三年（1646年）被清军押至北京处死。

② 冯其利著《寻找京城清王府》，文化艺术出版社2006年9月第1版，第23页。

今日小酱坊胡同西口

绵德贝子府

很多人知道，小石虎胡同 33 号的西单民族大世界商场。该地 2001 年被列为北京市文物保护单位，2006 年被列为全国重点文物保护单位，是一处历史悠久、人文底蕴深厚的文化宝地。不过，2013 年 6 月，在西单繁华商业区存在了 25 年的这个商场，终于寿终正寝，开始腾退了。

有清一代，这里是固山贝子爱新觉罗·绵德的府邸。绵德是乾隆皇帝的皇长孙。乾隆十五年（1750 年）父亲永璜逝世，他恩袭定亲王爵号；22 年后的乾隆三十七年（1772 年），降为定郡王；4年后的乾隆四十一年（1776年），"以结交礼部司员削爵"，他的弟弟爱新觉罗·绵恩袭爵；一年后又被封为镇国公；乾隆四十九年（1784年），复封为贝子；乾隆五十一年（1786年），命途多舛的绵德病逝，终年40岁。

据《啸亭续录》记载："贝子绵德宅，在石虎胡同。"据红学家杨乃济先生考证，绵德宅第在石虎胡同路北，乾隆四十四年（1779年）建成，按照公爵等级建造，"共有房三十二座，计一百四十八间，垂花门一座，月台一座，甬路三通，外围墙长八十丈八尺，院墙长八十七丈七尺；随墙门十九座、影壁一座"。①

从乾隆四十四年（1779年）起，石虎胡同7号院（老门牌，今小石虎胡同33号）就被赐给绵德居住，人称贝子绵德府，直到1913年毓祥迁出，绵德及其后人一直居住于此。这座大宅院，同治年间为绵德曾孙溥咸府第。同治五年（1866年）《奉恩镇国公溥咸府第地盘画样》图题上贴的黄签写道："西单牌楼石虎胡同，不入八分镇国公溥咸府第地盘画样，共房153间。"

这所贝子宅第，除了绵德及其后人，还有许多历史名人在这里留下遗迹、掌故。

有明一代，石虎胡同7号是延凌会馆（又称常州会馆或武进会馆）。明末有个武进人，名叫董心葵，是个标准的市井无赖小混混儿，在京城巴结上了东厂、锦衣卫的特务，狐假虎威，招摇过市。有一回他路过石虎胡同，看到延凌会馆门斜墙塌，就出钱

---

① 冯其利著《寻找京城清王府》，文化艺术出版社2006年9月第1版，第177、178页。

把会馆整修一新,企图借此谋利。恰好当时万历四十一年(1613年)状元、崇祯朝东阁大学士周延儒"将介枚卜"①,就是要入阁做宰臣了。董心葵看到周延儒要当宰相,就把这所宅院送给了周延儒,成了"周府"。

周延儒②绝顶聪明,个性张狂。据说他4岁时,爷爷驮着他到街上去玩儿,见到徐阁老徐溥的石柱牌坊,他就问:徐阁老做了宰相把牌坊竖在这里,我今后做宰相,牌坊竖到哪里?爷爷听了忙说:你年幼无知,不要胡说八道!从此,他再也不从徐阁老的牌坊下通过,宁愿绕道远行。20岁时,他连中会元、状元,入翰林院为修撰。

天启七年(1627年),年仅23岁的明熹宗驾崩,他的弟弟信王朱由检继立,年号"崇祯"。崇祯皇帝即大位后,召周延儒任礼部右侍郎。崇祯二年(1629年),36岁的周延儒当上了礼部尚书兼东阁大学士,第二年升任首辅。崇祯六年(1633年),因为周延儒为官贪婪、任用亲信,被另一个大学士温体仁排挤,托病还乡。崇祯十四年(1641年),他复为首辅,崇祯帝更加器重他。崇祯十五年(1642年)正月初一,崇祯帝接受群臣朝贺,却叫

---

①枚卜:古代以木条为工具的占卜叫枚卜。《书·大禹谟》:"枚卜功臣,惟吉之从。"古代以占卜法选官,后来就用枚卜代指选用官员,在明代专指选大臣为大学士,入内阁主事。

②周延儒(1593—1644年):明代宜兴人(今宜兴宜城镇人),字玉绳,号挹斋。20岁时连中会元、状元。崇祯十六年(1643年),清兵入关,他假传捷报蒙骗皇帝,后被弹劾勒令自尽,籍没其家,终年51岁。

周延儒面向西站好，崇祯本人东向揖拜他说："朕以天下听先生。"

清兵打来后，缺乏雄才大略、不谙军事的周延儒，请僧道百人在石虎胡同口设大法场，诵《法华经》第7卷，热闹一时。崇祯十六年（1643年），清兵逼近京畿，周延儒自请督师，然而他"驻通州不敢战，整日与幕僚饮酒作乐"，却假传捷报蒙骗皇帝。崇祯帝不知内情，对他褒奖有加，特晋"太师"。后来锦衣卫指挥骆养性上密折揭发真相，其他的官员也相继弹劾，周延儒被押入京师，关在正阳门外一座破庙里，后获罪流放戍边。不久，崇祯帝下诏勒令他自尽，籍没其家，终年51岁。周延儒死后，民间歌谣曰：

"周延儒，字玉绳；先赐玉，后赐绳。绳系延儒之颈，一同狐狗之头。"

明亡清兴，周府也换了新主人。清初，这里又成了驸马府——吴额驸府邸。吴额驸就是吴三桂之子吴应熊。吴三桂引清兵入关前，多尔衮就已经同意将皇太极的第十四女和硕公主嫁给他的儿子吴应熊。顺治十年（1653年），吴应熊和13岁的和硕公主成婚，被封为"和硕额驸"。其实多尔衮对吴三桂戒心很重，这是一个用意极深的计谋。一则透过政治婚姻，进一步拉拢吴三桂；二则让吴应熊以额驸的身份留居京师，成为大清朝廷的人质。从此，成为人质的吴应熊"步步高升"，先后被授予子爵、少保兼太子太保、太子太傅。但是，康熙十二年（1673年）十二月，坐镇云南的平西王吴三桂起兵反清的消息一传到北京，吴应熊立即锒铛入狱。康熙十三年（1674年）五月十八日，"吴应熊及其子吴世霖处绞,其余幼子俱免死入官"。

驸马爷死了,但和硕恪纯长公主毕竟是爱新觉罗皇族的格格,不能处死,康熙皇帝反而经常下诏慰藉公主,谓其"为叛寇所累"。康熙四十二年(1703年)公主去世,时年63岁,一辈子也没有留下名字。民国年间出版的《燕京访古录》中说,"共和十一年,有人于宅掘出蟋蟀盆,用青泥制成,状极古雅。盆底有'月如'二字印章,即三桂之号也"。由此也可以证明这里曾经是吴驸马的府邸。

清代八旗为左、右两翼,左翼是镶黄、正白、镶白、正蓝四旗,居京城的东半边;右翼是正黄、正红、镶红、镶蓝四旗,居京城的西半边。吴应熊被诛杀,驸马府被没收。雍正二年(1724年),清政府分设左、右两翼宗学,培养宗室弟子。宗学就是专为宗室所设的官学,主要接受王、贝勒、贝子、公、将军等级和闲散宗室的18岁以下子弟入学读书。于是乎这里又成了右翼宗学的所在地。

乾隆十年至十九年(1745—1754年),《红楼梦》的作者曹雪芹在右翼宗学当差,在这里他与宗学学生敦敏、敦诚兄弟结识并成为好朋友。后来,曹雪芹迁居西山黄叶村,潜心创作《红楼梦》。乾隆十九年(1754年),

曹雪芹塑像

北京植物园黄叶村曹雪芹纪念馆

这所宅子"糟朽破坏",右翼宗学迁往瞻云坊以南的绒线胡同。

右翼宗学搬出两年后,经过修缮,这里又成为大学士裘曰修①的府第。按照清朝制度,汉族大臣多数住宣武门外的南城,只有极少数受到皇帝赏识的人,才能住进内城,历任礼、刑、工部尚书的裘曰修就是一个。

裘曰修住进这个府邸的时候正当着工部尚书,在这儿一住就是18年。他很儒雅,会客室门上悬挂"好春轩"匾额,"谈笑有鸿儒,往来无白丁"。纪晓岚、钱大昕、王鸣盛、朱筠与他都是乾隆朝的进士,同为编修,都来过此宅。

---

①裘曰修(1712—1773年):字叔度,一字漫士,江西南昌新建人,清代名臣、文学家,历任翰林院编修、吏部侍郎、军机处行走及礼、刑、工部尚书,加太子少傅,谥文达。

光绪年间，这个大宅院为绵德玄孙毓厚居住。毓厚在同治七年（1868年）至光绪十六年（1890年）袭辅国公，所以称"毓公"，此宅院也被称为"毓公府"。后来，7号院连同西邻的8号院毓公府收归"官产"，朝廷打算在这儿建立海军部，与东城铁狮子胡同的陆军部遥遥相对，一"石虎"、一"铁狮"，象征江山社稷固若金汤。随着清室倾颓，计划胎死腹中。

民国初年，石虎胡同7号院由近代立宪派人物汤化龙[①]居住。汤化龙住进来后，不太"吉利"。先是朋友田某在此猝死，接着本人被刺身亡。"好春轩"是"凶宅"一说甚嚣尘上，汤家人搬走了，此院由北洋政府财政部财政金融学会使用。

1912年，中华民国政府成立不久，蒙藏事务局呈报大总统，设立"蒙藏学校"。1913年，"蒙藏学校"正式诞生。1916年8月，北洋政府财政部把毓公府租给蒙藏学校办学。1918年，蔡锷

蔡锷将军

[①] 汤化龙（1874—1918年）：字济武，湖北蕲水（今浠水）人。日本法政大学毕业，历任湖北省谘议局议长、湖北省军政府民政总长、南京临时政府陆军部秘书处处长、北京临时参议院副议长、众议院议长、教育总长兼学术委员会会长。民国初著名立宪派头面人物，1918年9月在加拿大被刺身亡。

（字松坡）的老师梁启超为了纪念蔡锷，打算创立"松坡图书馆"，与丁文江、张君劢等到欧洲游历，搜集图书，向北洋政府申请图书馆用房。于是，北洋政府将北海快雪堂、石虎胡同 7 号官房拨给他们创办松坡图书馆。1924 年 6 月 1 日，位于石虎胡同 7 号用来存放外文图书的松坡图书馆第二馆开放。1929 年梁启超去世后，图书馆无人执掌、经费难筹，只好搬到北海快雪堂与第一馆合并。

1926 年租期将满，蒙藏学校数次要求将此地变为永久校舍，加上财政部几乎每年都欠拨蒙藏学校经费，累计有 10 多万元。1928 年 6 月，民国政府南迁南京，正式将此院拨给蒙藏学校作为永久校址。1931 年 3 月 24 日，为了扩充校舍，蒙藏学校与松坡图书馆正式立契，以现洋 9000 元买下了松坡图书馆所在的东路宅院，将 7 号院、8 号院中间的院墙拆除，两院相通，形成东西两路建筑。1937 年 7 月，学校更名为国立北京蒙藏学校。

1951 年 6 月 11 日，中央民族学院在北京成立。同年 6 月 26 日，蒙藏学校与中央民族学院部分班级合并，改成中央民族学院附属中学，面向全国 56 个民族招生。1972 年，改称北京市 160 中学。1987 年，160 中学迁出，此处划归国家民委使用。20 世纪 80 年代末，国家民委将这里改建为民族大世界商场。

林清起义攻打紫禁城

灵境胡同

灵境胡同得名于灵济宫。徐知证、徐知谔是唐末军事人物徐温的两个儿子,也是五代时期南唐的两位藩王,并称"二徐"。据说,他们曾经带兵进入福建清剿盗匪,福建人为了感谢他们的恩德,在闽县的金鳌峰为这哥儿俩立了生祠。到了大宋朝,这哥儿俩已然成为福建民间信仰的道教"真人",朝廷赐庙额曰"灵济"。

明成祖朱棣时期,在现如今灵境胡同西口路北(今35~37号一带),大兴土木,修建了一座巍峨的道观——灵济宫,把两位"神仙"供奉起来,封号从"真人"升为"真君"。所以福建当地老百姓说,"欲识北京皇帝殿,先看青圃灵济宫"。《帝京景物略》描写当时的灵济宫:

"皇城西，古木深林，春峨峨，夏幽幽，秋冬岑岑柯柯，无风无声，日无日色，碧瓦黄甃，时脊时角，灵济宫也。"

自此以后，明朝十几代皇帝都跟着供奉。可笑的是，据考证徐温是大唐的叛将，徐知证、徐知谔就是叛将之子，祭祀只得停下来。可这事儿是老祖宗定下来的，谁敢改？一直闹到明末，崇祯皇帝才批准了朝臣的上疏：二真人乃叛臣之子，不宜受朝臣拜跪，请以帐幕隔之。然而此时，大明朝离它谢幕的时间也不远了。

有清一代，老百姓又管灵境胡同叫林清胡同。这背后藏着一段悲壮的历史故事。清朝嘉庆年间，京畿、直隶、河南、山东等地民间兴起了一个秘密宗教团体——天理教，又名八卦教，是白莲教的一个支派。它的主要首领是北京的林清、河南的李文成、山东的冯克善。

林清是宛平宋家庄（今北京市大兴区宋家庄）人，从小很穷，十几岁就到了西单牌楼南九如堂药铺内做学徒，后来生了毒疮，被掌柜的赶了出去。从此流浪江湖，走南闯北，入了白莲教，成了天理教的首领。

清代林清画像

在林清等人的努力下，天理教教徒越来越多，势力越来越大。于是，他们打算发动起义，推翻清朝统治，建立"大明天顺王朝"。林清也懂得舆论的重要，派人在京畿附近特别是宛平、大兴等县，传播"若要白面贱，除非林清坐了殿"的民谣，密谋嘉庆十八年（1813年）秋冬三地同时起事，林清负责攻取北京，李文成负责占领河南,冯克善负责夺取山东。三军会师北京后,趁嘉庆皇帝巡幸回銮途中,"伏莽行在",一举成功。

嘉庆十八年(1813年)十月八日,林清按期起义,在大兴黄村组织200人的队伍,装扮成商人、小贩,混进了北京,直奔灵济宫,潜伏下来。在入教太监的引导下,起义军兵分两路,东路人马奔东华门,西路人马奔西华门,准备两路人马会师紫禁城。西路人马由于有太监接应,顺利地进入了西华门。东路人马由于和往宫中送煤的人发生了争执,脱衣服露出了兵器。送煤人一见这阵势,赶紧大声呼喊。守卫东华门的清军听见后,急忙关闭宫门。起义军见势不妙,立刻从柿子筐里抽出刀剑,冲向东华门。当五六个人冲进去后,大门关上了。由于起义军的计划先天不足,加上兵力悬殊,冲击紫禁城的战士最后要么被捉,要么被杀。十月十六日,林清也在黄村被捕。

当时嘉庆皇帝正在热河围猎,林清攻入紫禁城,对嘉庆震撼极大。"善于自我批评"的嘉庆皇帝感慨万千:此乃汉、唐、宋、明之所未有之事,竟出在大清朝!嘉庆亲自在中南海丰泽园审讯并处死了林清、刘得财、刘金等人,把300多名起义者及其家属分别处以凌迟、枭首、斩绞等酷刑,或者发配到边疆为奴。

林清农民起义军攻打紫禁城,有一个人受益最大,这个人就是嘉庆皇帝的次子、后来的道光皇帝爱新觉罗·旻宁[①]。当起义军

[①] 爱新觉罗·旻宁(1782—1850年):清宣宗,通称道光帝,原名绵宁,即位后改为旻宁,清入关后第六个皇帝,在位30年,终年69岁。庙号宣宗,葬慕陵。

攻到紫禁城隆宗门时，几名起义军战士由隆宗门外的小房子，登上高墙，由廊房越墙，冲向养心殿。此时正在上书房读书的旻宁，用枪击中两个起义战士，稳住了阵脚。由于旻宁临危不乱，深得嘉庆皇帝的喜欢。第二天就封他为智亲王，再后来就把大位传给了他。

　　起义军打进紫禁城，这在历史上还是第一次。起义军藏身之地的灵济宫，让朝廷恨之入骨，被夷为平地。门前那片茂盛的树林，也被砍伐殆尽。从明成祖开始喧嚣了几百年的灵济宫，从此消失得无影无踪。

道光皇帝爱新觉罗·旻宁画像

　　朝廷恨灵济宫是由于林清的缘故，可老百姓喜欢林清呀。从此，老百姓就管这条胡同叫林清胡同，管灵济宫叫林清宫。

载洵贝勒府与福寿商场

　　馓子是一种小吃，用糯米和面粉混合，然后油炸而成。细细的馓子条缠绕在一起，金黄金黄的，十分招人喜爱。早年间西单地区有一个姓王的人，炸馓子炸得好，人称"馓子王"。随着"馓子王"名声远播，他住的那条胡同也被人叫作"馓子王胡同"。

时间一长，"王"字被省去了，胡同便被叫成了"徼子胡同"。

西单北大街路东的徼子胡同（今名东槐里胡同），清朝初年有一座郑亲王的小府——辅国公巴尔堪宅第。巴尔堪是郑亲王济尔哈朗的第四个儿子，顺治十一年（1654年）被封为三等辅国将军，后来兵败被革职。康熙十九年（1680年），他又和哥哥随简亲王喇布征讨广西，不幸在军中病死了。巴尔堪这人挺诚实的，临死前对都统额赫纳说："吾不能临阵而死，今创发，勿令家人以阵亡冒功也。"[1] 身后的巴尔堪不断被追封。康熙追封他为三等辅国将军，雍正追封他为不入八分公。乾隆更大方，把当时郑亲王的封号简亲王给了他。巴尔堪可谓身后哀荣隆盛。

《啸亭续录》记载："公巴尔堪宅在徼子胡同。"[2] 辅国公巴尔堪宅第东邻贝子傅喇塔的宅第，南至堂子胡同，北到灵境胡同，西至西单北大街，占地面积很大。徼子胡同以北是宅第的主体建筑群，胡同以南主要是马圈、充当散差的下人（当时叫"苏拉"）居住的地方。

乾隆追封巴尔堪简亲王两个月后，他的孙子奇通阿承袭了简亲王的封号，离开徼子胡同宅第，搬到了大木仓胡同的简亲王府邸，成了那里的新主人。慈禧太后勾结恭亲王奕䜣发动辛酉政变、垂帘听政，杀了郑亲王端华，收回郑王府赏给了钟郡王奕詥。到

---

[1] 冯其利著《寻访京城清王府》，文化艺术出版社2006年9月第1版，第30页。

[2] 朱一新著《京师坊巷志稿》，北京古籍出版社1983年12月第1版，第68页。

了同治三年（1864年），慈禧开恩，又把郑亲王的爵号还回来了。但是，郑亲王府邸被奕诒占着，于是僻子胡同的辅国公老宅又当了6年9个月的郑亲王府邸。

光绪末年，僻子胡同辅国公老宅来了位新主子——贝勒载洵。爱新觉罗·载洵是醇贤亲王爱新觉罗·奕譞①第六个儿子。他的二哥是光绪皇帝载湉、五哥是摄政王载沣、侄子溥仪是末代皇帝，够金枝玉叶的。

醇王府出了光绪皇帝后就成了"潜龙邸"，按照大清规制，奕譞全家就得搬出去。一时半会儿找不到合适的府邸，只好委屈自己，把僻子胡同的辅国公宅第临时当作府邸。经过7年的建设，辅国公宅第被改建为"适园"。光绪二十八年（1902年），载洵奉旨过继

载洵贝勒

给端郡王奕志为嗣，承袭贝勒封号，五哥摄政王载沣将僻子胡同的"适园"送给他做了府邸，人称"洵贝勒府"。

宣统元年（1909年），载洵奉旨任筹办海军事务大臣。他并

---

①爱新觉罗·奕譞（1840—1891年）：字朴庵，号九思堂主人，又号退潜主人。道光皇帝第七子，咸丰皇帝的异母弟弟。其大福晋为慈禧胞妹，第二个儿子是光绪皇帝，第五个儿子是摄政王载沣，孙子溥仪便是末代皇帝。谥曰贤。

不懂海军，而海军提督萨镇冰却是这方面的专业人才。在萨镇冰的指点下，他首先巡察了清海军现状，根据考察结果，向清廷提交了一份雄心勃勃的中国海军 7 年发展规划。按照规划，先整顿原有各式兵轮。尔后 5 年间，添造头等战舰 8 艘，巡洋舰 20 余艘，各种兵轮 10 艘，编制第一、第二、第三队鱼雷艇，编定北洋舰队、南洋舰队及闽省等各洋舰队，成立各洋军港和船坞，设立海军大学，等等。这个雄心勃勃的规划很快被朝廷批准，令各省分筹开办费 1800 万两。

为加快建军，朝廷派载洵、萨镇冰赴欧洲各国考察，同时选派 23 名年轻的海军军官和海军学生随队前往英国留学，学习制造军舰和炮械。宣统元年（1909 年）十月十六日，载洵一行从上海出发，先到意大利、奥地利，定造了一些炮舰和一艘特快驱逐舰。十一月，到达德国柏林。德国方面派出高级官员前往火车站迎接，派武装警察保护，送他们入住最豪华的波里斯特饭店。载洵一行考察了德国的船厂、炮厂及海军机构，定造了 3 艘驱逐舰和两艘炮舰。离开德国的下一站是法国。法国为表示友好，打算授载洵一枚二等勋章。但载洵觉得，一个大清国王爷只授给一个二等勋章，有失身份，心里很不高兴，就借口"行期太短，无暇访问，下次来欧洲再访问"，取消法国行程直奔英国。在英国，他参观了著名的皇家海军学院，定造了巡洋舰。离开英国，最后一站造访俄国，后乘火车经西伯利亚回国。此次欧洲之行，历时 3 个多月，还是学到了不少经验。

宣统二年（1910 年），载洵奉上谕补授海军大臣，赴美考察军政。在旧金山登陆时，华侨厨工邝佐治混在人群中准备刺杀载洵。当邝佐治正要从裤子口袋掏枪之时，被侦探当场逮捕，后被判入狱14年。经这一吓，载洵不敢在美国久留，启程前往日本。在日本，载洵向长崎三菱造船所定造了炮舰"永丰"号，向川崎造船所定造炮舰"永翔"号。清朝被推翻后，袁世凯认同载洵一行在日本的订舰协议。1925年，为纪念孙中山先生，载洵订购的永丰舰改名为"中山舰"。后来中共党史上著名的"中山舰事件"，就发生在这艘舰上。①

  清亡后，载洵这位王爷也失去了往日的威风。后来，他将府邸分别卖给孔教大学及奉军将领万福麟，到天津浦口道当起了寓公。

  孔教大学的创办人是陈焕章（1888—1933年），他是广东高要人，康有为的学生、梁启超的同学，留学美国哥伦比亚大学获哲学博士学位。他主张尊孔、变法维新，创建"孔教会"并任总干事。1923年，在北京创立孔教大学并任校长。孔教大学分大学、专门两部，招收本科、预科生。大学部分三科——经科、文科、法科。经科分为诗经、书经、礼经、易经、春秋五学门；文科分为国文、英文、哲学、史学四学门；法科分为政治、理财、法律三学门。专门部分为经学、文学、史学、政治理财、法律五科。大学部预科2年毕业，本科4年毕业，考试及格，授予毕业证书，得称孔教大学某科学士。专门部预科1年毕业，本科3年

---

① 马樱健著《载洵："洵贝勒"奔走世界买军舰》，载2011年9月28日《城市快报》。

毕业,考试及格,授予毕业证书,得称孔教大学专门部某科毕业士。此外,还创办国学部,以"昌明孔教,培养通儒,发扬国光为宗旨"。[①]孔教大学1931年停办。

万福麟[②]是吉林农安人,幼年便给财主家扛活,人称"万半拉子"。他从靖边军一名小卒干起,1931年购买洵贝勒府时,已经是东北军五十三军军长。当年馓子胡同

1928年,时任奉军第八军军长的万福麟在涿州前线

除了万家,胡同西头还有3家,住家户不是给万家办事的,就是在西单北大街路西电话西局上班的,还有卖酸梅汤做小买卖的。住家户南边原来还有火枪厂、糊棚、糊烧活儿的小作坊,都被万家出钱搬走了。还有一座刚刚建成的救世军教堂,也被万家花钱拆掉,在灵境胡同西口重建。

1932年10月,在北起馓子、南到厚德商场、西至北大街这

[①] 张亚群著《从孔教大学到孔子学院——中国对外教育交流媒介之嬗变》,载《高等教育研究》2012年第1期。

[②] 万福麟(1880—1951年):字寿山,官至东北军陆军上将,沈阳解放前夕去了台湾,任国民党政治咨询委员会委员。1951年7月,病逝于台中,终年71岁。其子万国权1950年加入民主建国会,1994年补选为第八届全国政协副主席,1998年当选为第九届全国政协副主席。

块洵贝勒府马圈、花窖的地界上，建立了一家新商场——福寿商场。"福"取自万福麟名字中的"福"字，"寿"取自万福麟的别号"万寿山"的"寿"字。

中华人民共和国成立后，载洵贝勒府及万福麟公馆被改建为中共中央组织部。洵贝勒府也盖起了楼房，只有东部、南部大城砖府墙还依稀有些贝勒府的影子。随着西单商业街的发展，原来中组部所占位置有碍商业街的整体布局规划，西城区政府经过与中组部商榷，双方同意进行商业用地置换。2004年，中组部办公楼拆除。2013年，巴黎老佛爷百货在这里开业。

载洵贝勒府残存的遗迹

名店·西单

　　明清时期西单一带的商业便很发达，饭馆、酒店、百货商店、菜铺以及摊商林立。1929年在大街东侧创办的西单商场包括日用百货、小吃食品、旧货书摊，还有说书、杂耍、游艺、戏曲等。这里有同仁堂在京的分店——乐仁堂；有1923年成立的亨得利钟表店；有"账簿第一家"之称的成文厚。马连良、张君秋、电影演员白杨等文艺界许多人士都曾是西单第一理发馆的常客。20世纪80年代的西单劝业场诞生了京城第一批万元户。

乐仁堂

说起同仁堂，名闻天下，300多年的历史，响当当的京城老字号。乐氏家族一世祖乐良才，大明朝永乐初年（1403年）由宁波来到北京，走街串巷、行医卖药，是个铃医。直到四世祖乐显扬当上清太医院吏目，康熙八年（1669年）创办同仁堂药室，乐家才结束了铃医生涯。五世祖乐凤鸣恪守父训，接续祖业，康熙四十年（1701年）在大栅栏路南开设同仁堂药铺。老乐家到了十一世的时候，老哥儿四个定了条家规：凡是族人开设药店不能用"同仁堂"字号，但各支可以另开新店，可以用"乐家老号"牌匾。

同仁堂第十代传人乐平泉（号印川）的长重孙乐佑申，留学法国，专攻商业管理，精明强干，善于经营药业，用人有方。[1]1923年，担任同仁堂经理的乐佑申（1913—1934年掌管同仁堂21年），与其弟乐西园、乐笃固、乐益卿和叔叔乐均士，以两个堂号的名义各出资1.5万元，在西单北大街285号，开设了乐寿堂。乐寿堂借颐和园中乐寿堂之名气，寓意吉庆，是同仁堂乐家老店在京的又一家分店，经营丸、散、膏、丹、汤剂、饮片等。

---

[1] 乐崇熙著《清平乐：北京同仁堂创始人乐家轶事》，东方出版社2013年1月第1版，第86页。

1961年西单北大街乐仁堂药店的霓虹灯招牌

乐寿堂的房屋、设备均仿同仁堂的模式，前后勾连各3间的新瓦房。大门当中悬挂着从同仁堂拓来的"乐家老药铺"匾额，一看便知是同仁堂乐家药店的分店；两边高悬木刻白漆黑字的长联："本店采购生熟地道药材，精制丸散膏丹汤剂饮片"；中堂悬挂的黑匾上金色的"乐寿堂"3个字，由书法家祝椿年所书；匾额两边配有两根黑亮油漆立柱，各挂有木刻的金字对联，由名士朱云台所撰。乐寿堂采取前店后厂的经营方式，所售药剂均为自己加工制作。制作上牢记"炮制虽繁必不敢省人工，品味虽贵必不敢减物力"的祖训，以"真材实料、加工精良、配方独特、童叟无欺"的经营之道，保持乐家老铺的信誉。

乐佑申在经营上博采同仁、达仁两家之长，又有自己的独特之处。一是用人上采取连环套，如祖孙关系、父子关系、叔侄关系、兄弟关系、亲戚近友关系。二是待遇较好，后勤人员的零钱根据每日销售额按比例固定提取，销售员工按销售额多少提成，根据赢利薄厚，按规定提成累计，每天晚上专人结算，当日统一发给。三是在南城与宏仁堂合建鹿囿，外购梅花鹿雌、雄共50余只饲养，最多时繁衍到1000多只。春、夏两季为公鹿锯茸3次，专人烫制、挤血保茸，同时还喂养乌鸡，专为制作乌鸡白凤丸所用。四是前店后厂、加工精良。后厂有制药房、斗房、北刀房、南刀房、细料室。药房负责炮制和制作丸、散、膏、丹、药酒等各类成品药；细料室储有牛黄、麝香、冰片、羚羊角、朱砂、珍珠、人参等贵重药材。五是分工负责、服务上乘。两名年龄较大、富有经验的老伙计当查柜，对所抓汤剂进行核查，加盖本人印章后包好交给顾客。外柜专有一个人接待顾客，不论达官贵人还是平民百姓，都热情周到。六是产品优质。预订京东著名粮食酿制的上好烧酒数千斤，运到后用火点烧化验，确认为纯粮食酒后，再倒入酒库大缸封好，一年后方可启用。

乐佑申还在天津开设了3家分店，后来又在石家庄、保定，山西太原，河南开封开设了4家分店，铺号统一为"乐仁堂"。另外，还建了3个药厂。为了字号一致，西单的乐寿堂也改叫了乐仁堂。

乐仁堂选购药材标准严格，不惜重金。当归必用甘肃产的，白芍必是浙江的，根茎类一定得枝条粗壮，肉桂要肉厚油足，月季、玫瑰要紫色鲜红，野山参不得用移山参代替，虎骨不得用豹骨代替。如果原料不足、不好，宁可不配药，也绝不降低标准。西单乐仁堂地界好，药品货真价实，服务热情周到，在京城乐家老店中位居第三，长达30年生意红火鼎盛。

公私合营后，乐仁堂把秘方秘诀全部献给国家。改革开放以后，老店乐仁堂焕发了青春，扩大了经营范围，增加了经营品种，不仅经营传统的丸散膏丹汤剂饮片，还经营西药、医疗器械，同时增设了旅游专柜，成为一家大型综合性药店。[①]

进入21世纪，随着西单大街的改造，乐仁堂从西单消失了。

亨得利钟表眼镜店

"亨得利"，一听这名字，许多人以为是个洋名字，其实这是一家地道的中国名号。1915年，浙江海宁人王光祖和朋友应美康、庄涵皋3人合资，在江苏镇江创办了第一家亨得利钟表眼镜商店。"亨"字乃是"大""通达"的意思，"得"是"得到"的意思，"利"就是"获利"之意，连起来就是"生意亨通，利市百倍"之意。

镇江是长江、大运河的重要码头，舟楫往来，店铺鳞次栉比，用现在的话说就是"人流、物流的集散地"。由于亨得利经营的都是进口的洋表、高档眼镜，加之经营有方，发展很快，不久相继在上海、北京、天津、南京、沈阳、郑州等大城市开办了60多家连锁店，一时间社会上流传着这样的顺口溜：

"亨得利遍及全国，钟表眼镜货色多；专修复杂难修表，信

[①]《京城老店乐仁堂》，载北京市西城区政协文史资料委员会编《西城名店》，1995年12月内部发行，第80~83页。

1956年西单北大街亨得利钟表眼镜店

誉至上迎远客。"[1]

1927年,王光祖派三子王惠椿在北京前门外观音寺大街9号(今大栅栏西街15号)开设分店,因地处南城,故简称"南亨",经营100多种钟表。"南亨"很新潮,杏黄色3层小楼,颇具西洋风格。一层营业厅设计成八卦形,宽敞明亮。楼前高大的霓虹灯闪烁着"亨得利"3个大字,柜台全部采用钢化进口玻璃。

王惠椿毕业于南京华中公学,并在上海亨得利总店跟父亲学徒3年,业务精通,人也很精明。"南亨"开业不到3年,就在王府井大街又开了一家店。因地处东城,故简称"东亨"。随后,在西单北大街291号(后为223号)再开办一家店,简称"西亨"。总店设在"南亨",各分店由总店统一管理、统一结算,进、销、人、财、物集中管理。[2]

---

[1]《声誉一流的西城亨得利钟表店》,载北京市西城区政协文史资料委员会编《西城名店》,1995年12月内部发行,第131页。

[2] 北京市地方志编纂委员会编著《北京志·商业卷·日用工业品商业志》,北京出版社2006年8月第1版,第106页。

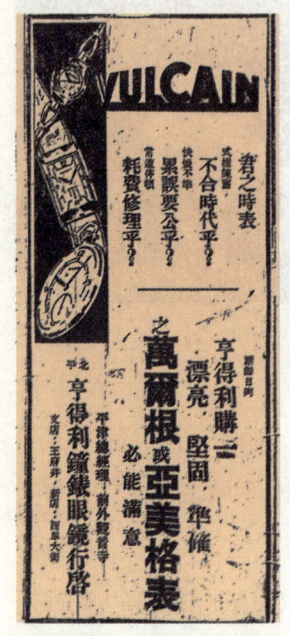

1937年1月12日《北平晨报》刊登的亨得利钟表眼镜店广告

"西亨"主要经营进口高档商品，有瑞士的欧米茄、西马、浪琴、米度等高级手表和德国的名牌挂钟，同时也经营一些唱机、唱片和高级金丝眼镜等，并附有验目配镜、修理钟表的业务。由于货色品位高、买卖大、信誉好，又地处繁华闹市，一些达官显贵、社会名流等经常光顾，生意兴隆。

"西亨"有一套严格的生意经。一是店规严。店员和气、有礼数，夏天穿长衫、冬天着长袍马褂儿。二是用人严。徒工进店要有两人担保，3个月考察后择优录用。三是重信誉。所售商品一律印有"亨得利"商标，出售前都要经过仔细检查，如烟台钟厂生产的落地钟、座钟、挂钟要试走3天，天天核对，如发现毛病必须修好后再售。为扩大宣传，还把带有"亨得利"字样的落地钟、挂钟无偿送给庆乐、长安戏院，挂在观众休息的地方，广为宣传。四是修理技术精湛。一般钟表店不敢接"油丝乱""缺轮齿""断摆尖"等难活儿，而"西亨"对高难度的"疑难杂症"都能解决。"接修"的伙计坐店堂，接活儿后分给车间工人修理。车间分两组，一组修怀表、手表，一组修大钟、留声机。凡有返修的，都交原来修活儿的师傅，所以大家都把返修活儿当作耻辱。要是出现几次返修，甫等经理发话，师傅自个儿立马卷包走人。五是明码标价，但经常以优待老顾客、看朋友面子为由，打折让利。

1956年公私合营后，北京只有西单、王府井、观音寺3处专业修表店。"文化大革命"期间，"西亨"改称首都钟表店，直到1980年才恢复"亨得利"老字号。1989年5月，"西亨"同瑞士欧米茄、浪琴表厂合作，兴办了欧米茄、浪琴表特约维修部。这些专修店的建立，大大加强了亨得利的维修能力。[①]

亨得利钟表眼镜行旧影

随着西单北大街的改造，"西亨"的"时针"停止了。

西单商场的前世今生

说起西单商场，几乎无人不知无人不晓，那是一家享誉京城、闻名全国的老字号商业企业。但要说起西单商场的前世，恐怕能

---

① 北京市地方志编纂委员会编著《北京志·商业卷·日用工业品商业志》，北京出版社2006年8月第1版，第121页。

说清楚的人就不多了，在这儿就说说西单商场的前世今生。

20世纪20年代末，西单牌楼附近大街两旁有几家商店、饭馆，便道上有卖菜的、卖各种小吃的。堂子胡同以北就没有什么像样的商店了，只有些前面修桶、洗衣服后边住家的小店。现如今西单商场地界，当时人称"拉屎大院"。[1]因为这里除了破旧的矮房就是脏乱的空场，随地大小便，因此而得名。以后，逐渐有了卖小吃的，如穿糖葫芦的、烤白薯的，卖煎饼油条、爆肚儿、灌肠儿、包子、大饼、豆腐脑儿、驴打滚儿的。从1930年开始，这儿先后共建了6个商场，从南往北有福德商场（一场）、益德商场（二场）、惠德商场（三场）、厚德商场（四场）、福寿商场（五场）、临时商场（六场）。咱们先从第一家商场厚德商场说起吧。

厚德商场

加拿大归侨黄树滉[2]先生祖籍广东开平县。15岁那年，本家一位长辈带他到了美国旧金山，当了名采矿工。由于收入太低没什么前途，他又设法转到纽约，给一位建筑工程师当小服务员（当地叫BOY），每月工资110美元。这位工程师看他聪明能干，便教他学英语、学建筑制图知识。4年后，他认识了一位在纽约最

---

[1]《尹阿奇：一辈子都献给西单商场》，载《时尚北京》2012年11月号。

[2]黄树滉（1882—1949年）：祖籍广东省开平县百合镇群胜里，厚德商场创业人，1949年10月24日因患心肌梗死在北京逝世，终年67岁。

黄树滉先生

大的中国饭店掌勺儿的同乡胡老头儿,又来到中国饭店给胡老头儿帮忙,洗盘子洗碗打扫卫生。胡老头儿也看中了黄树滉的勤快肯干,先让他到厨房切菜,后来教他掌勺儿。功夫不负有心人,一番磨炼,他终于掌握了一套好厨师的手艺。

为了多赚些钱养家,胡老头儿资助黄树滉先生6000美元,还介绍了一个助手,帮助他在加拿大温哥华开了家中餐馆。一年后,小餐馆有了点儿起色,想不到助手故去了。他又把本家哥哥、两个堂弟找来,哥儿四个一起干。餐馆地处美国和加拿大边界附近,当时正是第一次世界大战时期,军队过往非常频繁,吃饭的人大大增加,饭菜供不应求,餐馆兴旺了。

52岁这年,黄树滉先生决心回国为国家做点儿事情,同时也为儿女上学创造个好条件。他先到上海,但觉得上海不是儿女上学的理想地方,又来到了文化名都北平,把家安在西单附近。一次,他和朋友们一起逛东安市场,看到来来往往的人群和堆放的商品,眼前一亮:西单牌楼一带冷冷清清的,可以搞个市场把西单繁荣起来。于是,他决心创建厚德商场。

几经周折,黄树滉先生买下了"拉屎大院"这块地皮,以及与此相连的一所宅院。他利用在纽约和那位建筑师学到的知

李滨声先生手绘的厚德商场

识，自己设计、绘图。1929年，商场动工修建，先盖起四周平房，中间大空场盖了个大罩棚，东边偏北盖了个剧场。1930年5月，厚德商场正式开业，临街正门上方用水泥铸成"厚德商场"4个鼓出来的大字，刷上大红漆，非常抢眼。商场的名号是他从家乡的地名厚山堡和父亲的名字黄德伟中各取一字组成，也应了"厚德载物"的中国传统。由于黄树滉先生是商场的场主，所以厚德商场也俗称"黄家商场"。后来北边的福寿商场建成后，厚德商场又多了3个俗名：旧场、老场和南场。抗日战争胜利以后，商场又称"第四商场"。这是因为从南边数起，厚德商场是第四个商场的缘故。黄树滉先生创办厚德商场产权没用自己的名字，而用了"黄伟庸"，这是从他父亲和叔叔的名字中各取一字组成的。他本人不经管商场租用事务，而是请了代理人。厚德商场是在国民党政府迁都南京、北平市面一片萧条之时开业的,受到社会各界人士的称赞。①

西单北大街路西的西鹤年堂,是厚德商场建成后第一个租赁临街铺面房的商户。4间门面的广协源,专门出售广东食品如腊肉、香肠、广东月饼等,后来改为新广东食品店。还有德威钟表店、一中袜厂、隆章绸缎店、古玩店以及卖锅盆碗杂品的家庭铺。

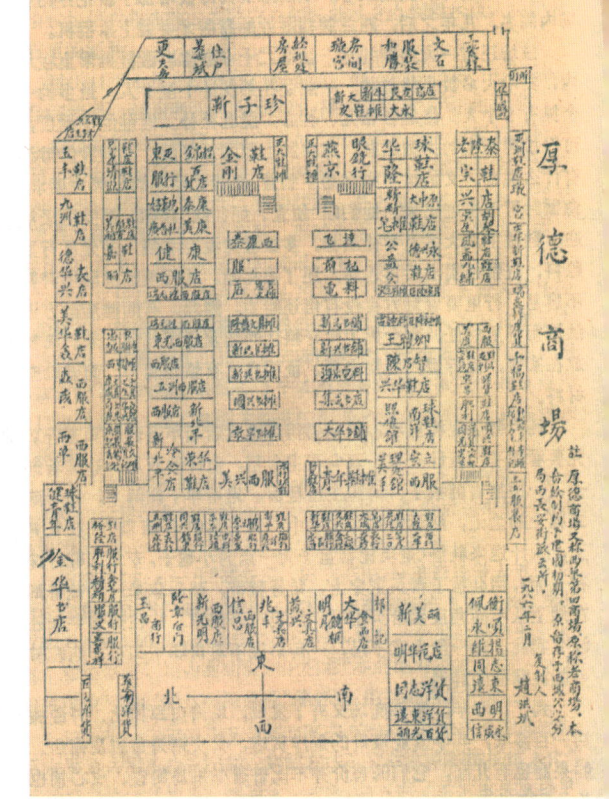

那时北平人的爱

厚德商场商户平面图

好是"溜达、遛弯儿",就是逛市场、逛庙会、逛西单牌楼,实在没地方去就逛马路,厚德商场为老百姓提供了新的可逛的地方。厚德商场的杂技场俗称"东杂技场",撂地摊的艺人花几毛钱租一天的板凳,然后用板凳围成一个圆圈,当自己的舞台。要完一

---

① 王岫雯著《西单商场创业人黄树滉先生》,载北京市西单百货商场场史编写组《旧日西单商场》,北京出版社1988年9月第1版,第107~110页。

段敛一次钱。敛钱的时候艺人说："咱们把眼蒙上吧,让那些舍不得花钱的走,反正有上帝瞧见他们。"还有的说："我们向您求钱,不敢说损人的话,要说损人的话,让我们嗓子眼里长痔疮!"话虽村野,但迎合了观众的心理,看客哈哈大笑,不由得不掏腰包甩大子儿。厚德商场内的西单游艺场,白天晚上不是演电影就是唱京戏、说相声,好不热闹。自此,西单北大街开始繁华起来。1930年5月《北平晨报》评价道："西城既多一娱乐场所,想增益平市商业不少矣。"

剧场秩序不好维持,加上天气寒冷剧场没有防寒设备,坤伶演唱合同也到期了,1930年9月22日,黄树滉先生关闭西单游艺场改建商场。1931年夏季,原来中间空场上建起了东西方向的4趟街,每趟街南、北两侧都可设摊,租摊按一段地(3尺宽、6尺长为一段地)计算,以摊店售货为主,营业时间早9点到晚10点。于是,百货店、皮鞋店、西药店、西服庄、广东食品店、湖南绣花庄、化妆商品店、镜框礼品店、广东饭馆、回民西义顺饭馆和冷饮店等纷纷进场。到1931年6月,已有商户50多家。

1932年,厚德商场内商肆栉比,摊店100多家,还出现本市第一家土法制售冰棍儿的。店家把甜水或酸梅汤倒入玻璃试管,里面放上竹签,再把玻璃试管装入撒了盐的木头冰桶,盖上布自然结冰。半小时后,把玻璃试管放入冷水里蘸一下,拔出冻好的冰棍儿。几年后,西单牌楼附近的商店才装上了冰棍儿机。

1935年,厚德商场有铺商85家、摊商约160多家,想在此求一段摊位十分不易。新丰楼饭馆与东安市场东来顺遥相媲美,顾客盈门，应接不暇。卖估衣的摊位，把衣服挂在横杆子上，吆喝声震耳欲聋，但和同行交易时，"袖儿里来袖儿里去"，在袖子里论价钱，鸦雀无声。1936年出版的《北平一顾》介绍当时"商场"时已专指西单商场，分南、北两场，店商150多家、摊商300多家。

正当厚德商场一片红火时，1937年1月10日晨1时40分，厚德商场东北角突然起火。当时狂风大作，风助火威，将商场400间房全部焚毁。[①]就在厚德商场遭火灾经济十分困难时，1937年7月7日，卢沟桥事变爆发，受灾的商铺发起节食运动，募集捐款慰劳二十九军抗敌将士，交实报社代收转送前方。

为了商场浴火重生，黄树滉先生除了领取商场火险保险金外，还变卖了妻子女儿的首饰，向亲友按一分利借款，将房契抵押给金城、大陆银行取得贷款，筹措重建费用。1940年冬，新的厚德商场建成开业。11月7日的《北平晨报》报道：

"新的商场已于去年开始修葺，历经一年，业已大都完成，只因内部还有零星工程未完，所以商铺还不多。"

吸取火灾教训，重建的厚德商场增设了防火墙，四周店铺房不再设罩棚，商场中间的摊位修成了回字形状，用水泥灌浇。全场除正街外，其余纵横7条街。其中以服装行业居多，专做西装和中山服，无论从用料还是手工费，都比王府井、东安市场便宜。东杂技场改成了小饭铺、小吃摊，再往东建了一家能容200人左右的正规戏园子——茗园茶社。到1949年，厚德商场共有商户

[①]《西单商场今晨大火！新旧商场全部灰烬，损失超过百万以上》，载《北平晨报》1937年1月10日。

231家。[1]

中华人民共和国成立后，厚德商场店铺摊商照常营业。1956年公私合营后，店摊按行归口。1958年，归属西单商场。

福寿商场

福寿商场北起儆子胡同（今东槐里胡同），南边紧临厚德商场。这地界早年是载洵贝勒府的马圈和花窖。1931年，洵贝勒府卖给了东北军五十三军军长万福麟。同年福寿商场动工，1932年10月开业。福寿商场的名字是从万福麟名字和他的别号"万寿山"各取一字组成的。

福寿商场临西单北大街是二层的铺面房，南边有半亩园食品店，北面是益茂绸缎店。东、南、北面也是二层楼，有上映无声电影的光明电影院、坤书馆、宏达堂药店、吴新昌茶叶庄、宫庆楼饭馆、眼镜店、龙门图书店和小字号布店等。场子中间只有东西向的一趟街，南北背靠背设摊位，出售服装、百货、文具、鞋帽、食品、针织品、修理钟表等。

福寿商场最有名气的商店是益茂绸缎店，经营绸缎、布匹、皮毛、葛、绉纱、夏布，最多时有四五十名店员。益茂绸缎店讲究广告宣传，宣传版面经常占半版篇幅，非常醒目："益茂商店

---

[1] 王岫雯著《西单商场的诞生——厚德商场》，载北京市西单百货商场场史编写组《旧日西单商场》，北京出版社1988年9月第1版，第1~16页。

东槐里胡同载洵贝勒府残存的老府墙

春季大减价,酬谢顾主,赠送有声电影入门券。""天热似火焰,何能过此暑热关?奉告各界,穿上益茂商店纱罗夏布,即可清凉度夏天。"受此影响,其他铺店也重视广告:"宜有西服庄特大减价。货全,是吾们的武器;价贱,是吾们的先锋;店员,是吾们的战士;事实,是吾们的保障。""西单新商场,夏季各货备齐,全部特别廉价,欢迎参观。"

九龙斋酸梅汤是北京的传统饮料,其渊源可追溯到清乾隆年间。据光绪三十二年(1906年)《燕京岁时记》记载:

"酸梅汤以酸梅和冰糖煮之,调以玫瑰木犀冰水,其凉振齿。以前门九龙斋为京都第一。"

从大栅栏东口外搬来的宋聋子九龙斋,在前门外时就小有名气。他一个人占4个摊的地方,柜台上面搭有棚子,除了专门出售橘子、红果、海棠、山药、山里红做的糖葫芦外,酸梅汤也很受顾主欢迎。盛酸梅汤的花瓷坛子放在大木桶里，用冰镇着，木桶上画着漂亮的金龙，"止渴梅汤冰镇久，驰名无过九条龙"。[①]

福寿商场还有个特殊行业——摆钱摊的。那年月市场上常发现假票子、假银圆，摊商有怀疑时，就拿到钱摊来鉴别。钱摊摊主用手一弹或将银圆从右手一连串撒到左手，就知道哪块是假银圆，比现如今的验钞机不差。钱摊还收破票子、换零钱，有点儿像现在银行换零钱的服务。

福寿商场开张后，场地小不大景气。为使商场兴旺，就向南边的厚德商场建议，拆了自己的3间房，打通一个通往厚德商场的门道，方便顾客往来。晚上关场子后，把大铁栅栏锁上。夜里两个商场各自打更巡夜，互不相干。

福寿商场设有经租处，专人负责租赁、收房租等事务。一间门脸儿月租金30元。一个摊位2米长1米深，月租费6元。商场还设有弹压处，几名警察主管商场内纠纷、安全问题。1935年8月，福寿商场有铺商72家、摊商120多家。

1937年那场大火，福寿商场70间瓦房全部焚毁，成了一片残垣断壁。1939年9月，动工重建新商场；1940年12月，新

[①] 北京燕京啤酒集团公司和故宫博物院紧密合作，搜集、整理了宫廷御茶房主方（九龙斋酸梅汤原配方），共同打造"九龙斋"品牌。2007年，九龙斋在北京隆重上市，并提出了"酸一点"的品牌定位。九龙斋的推出点燃了北京人喝酸梅汤的热情，受到消费者的热烈欢迎，市场大获成功。

商场开张。临街的3层新楼房是日本商店高岛屋①。日伪统治时期，北平有3家比较出名的日本商店，即东亚公司（解放后建起了东单菜市场）、松坂屋②（今王府井大明眼镜公司所在地）和高岛屋。

高岛屋有百人左右，中国籍店员约占80%，但总负责人和各楼层负责人、会计都是日本人。店员有工作服，冬天是蓝色的，夏天是浅蓝色的，样式和现如今的风衣类似。随着日军侵华战争

日伪统治时期的高岛屋旧址

---

①高岛屋：全名株式会社高岛屋（たかしまや），大型日本百货公司连锁店，饭田新七1829年创立于京都，总店设于日本大阪府大阪市中央区南海难波站内，现今已扩店全日本，在世界许多大都市设有海外分公司。2012年12月19日，在上海古北国际财富中心2期开设分店。

②松坂屋：全名株式会社松坂屋（まつざかや），创立于1611年，是历史最悠久的百货公司，总店位于名古屋市。

的扩大，生活用品日趋紧张，北平老百姓不得不吃配给的混合面，高岛屋的食品、面包、烟卷儿等商品只对日本人凭票配给。

高岛屋后面是正谊商场，该商场商户1942年就装上了电话总机，是北平商场中最早安电话的。当时北平有5个电话局，东5、西2、南3、北4、北7局。正谊商场总机号码有7个：2局3654、3655、3656、3657、3658、2437、2448，交换台有一个女交换员。安个分机花不了多少钱，商场里有电话的达到八九十户。

抗日战争胜利后，高岛屋关门，万家的经租处又出现在二楼，商场北门雕铸了5只蝙蝠，中间是万字不到头，象征"万能寿堂"。商场组建了商民组织——公益会，设会长一人，委员四五名，由商民选举产生。公益会的工作属于兼职尽义务，分水电组、消防组、公益组、保卫组。公益会设锅炉房供应开水，为商场购买消防水桶并有专人灌水。会费由店摊分月摊付，一般5角到1元不等，除支付两个打更的工资外，没有更多的开销。1949年，福寿商场有商户94家。

1950年4月18日，华北百货公司北京分公司接收了益茂绸缎店，成立华北百货公司北京分公司第四门市部。9月17日，将原高岛屋二、三楼修缮，连同一楼南、北侧，改称中国百货公司北京市公司第三门市部。1956年公私合营后，福寿商场与中国百货公司北京西单商场合营。①

---

① 王岫雯著《福寿商场》，载北京市西单百货商场场史编写组《旧日西单商场》，北京出版社1988年9月第1版，第17~33页。

益德商场

厚德商场建成后，南侧的大空场渐渐成了杂技场，俗称南杂技场。看杂技的人多了，人气旺了，商机也就来了。1933年秋天，西单地区第三个商场——益德商场落成了。益德商场的地界原来是个大杂院，是打小鼓买卖旧书报的地方。西边临西单大街有个"井窝子"（又名水屋子），水井在一间房子里，砖砌的井口，上边支着个三脚架子，辘轳绞水，一家山东人在这儿卖水。

益德商场的名字是顺着厚德商场起的（后来又称第二商场）。老板本想买下"井窝子"作为商场的临街大门，但这家山东人就是不卖，商场只好把大门开在"井窝子"的南边。商场北面是二层小楼，楼上、楼下混搭租，都是一家店。最西头是家图书馆，往东是镶牙馆、书店、照相馆。商场南面也是二层小楼，说是楼，其实就是用木板隔开，上边有人走，楼下咚咚声不断。楼下是卖旧书的，楼上是专做皮鞋的鞋局子。还有家馨园台球社，3间门脸儿，楼上楼下全是球台子，但看上去不咋起眼儿。商场西面临街也有栋二层楼，楼下是家百货店，楼上是桃李园茶庄，喝茶听曲的只需给4角茶资钱。商场东边是平房，有卖冰棍儿的饮冰室。商场中间有东、西向的两排商摊，靠南边的是鞋摊，有卖便鞋的也有卖皮鞋的。靠北边的是一排书摊，有书摊才能招揽更多的顾主，这是北平这座文化古城的一个特殊风尚。1937年1月，厚德、福寿商场大火后，南杂技场没了，益德商场更不景气了，旧书摊经常扣着门板不开张。

益德商场刚建成的时候，全场总共不过 10 多家店铺。到 1949 年，也才有 42 家商户。后来，这里改建为新华书店和中国书店门市部。①

西单大火后兴建的临时商场

1937 年那场大火后，厚德、福寿两家商场的店铺、摊商断了饭辙。第二天，由万福麟所属的荣易房产公司出面，在槐里胡同北侧空场上开辟了临时商场，把两家商场受灾的商贩安排在这儿暂时开业，混口饭吃，等到两个商场重建后再搬回去，所以叫临时商场。临时商场这块地界原是载洵贝勒府的花园，洵贝勒家道败落后卖给万福麟。到 1937 年建临时商场时，所谓的花园已经变成了杂草丛生、瓦砾遍地的大空场儿，只有西边临街有几间铺店房。

1937 年 1 月 24 日，临时商场开市了。槐里胡同北大门上挂了一块黑边黑字白底的木质门匾，上书"临时商场"4 个大字。临时商场东西长 12 丈、南北长 22 丈，分南、北方向 5 趟街，每家摊店都是背对背，每趟街两侧都有商摊，全场可容纳 150 个摊位。用白灰在地上画线，表示各摊商售货的地点。每个摊占地 3.5 尺宽、7 尺长，各个摊商抓号派摊。

临时商场设立经租处，负责收房租、水费、电费及场内事务等，

---

① 王岫雯著《益德商场》，载北京市西单百货商场场史编写组《旧日西单商场》，北京出版社 1988 年 9 月第 1 版，第 44~47 页。

内二区派来 4 名警察维持场内秩序。营业时间一般是早 9 点、10 点钟到晚上 9 点、10 点钟。场内货摊林立,星罗棋布。有卖服装、纸烟、糖果、玩具、珠花、百货、点心、茶汤、元宵、鞋、布的,还有理发的、刻字的,五花八门。别瞧临时商场地儿不大,里面还有静轩、民众两个小"电影院",实际上就搭个棚放无声电影,5 分钱一张票。

场内韩大臣租书摊是全市第一个租书摊,3 间屋里有几千册书,租金 1 角,押金 5 角。韩大臣这个人特和气,对只看不租的人也热情招待。他能根据顾客的爱好介绍书,什么白话的、文言的、武侠的、爱情的,吸引了很多读者。

小吃多是临时商场的一大特点。这儿的小吃摊设备简陋,游人来来往往尘土飞扬,但逛商场的人仍喜欢这儿的小吃。来碗米家的豆腐脑儿、喝碗豆汁儿吴的豆汁儿,整块儿炸糕,尝尝边做

1937年1月11日《北平晨报》刊发的《西单商场尽成瓦砾》的报道

边卖的蛋卷，买份儿两面焦炒饼，那才算不白逛一场。

　　北墙下撂地摊的杂耍场子，摔跤名手有赵四、熊德山、熊德林；还有以高德明为首的相声场子，高德光、高德亮、朱阔泉（外号大面包）、张少棠（外号张傻子）、戴少甫、侯宝林等都在这儿表演过。杂技艺人用几条破板凳围起自己租的地皮，就算是一个临时戏院。演完一段节目，拿着笸箩敛到的钱却寥寥无几。

　　临时商场最初是露天商场，也就是人说的"亮摊"。一到夏天，有摊位支把伞，有的用4根竹竿顶起一个床单，有的下雨就把包袱皮4个角一兜，背起来就跑，人称"风来吹雨来散"。1938年，盖了铁罩棚遮风避雨，但商场光线暗多了。

　　1940年，被大火烧了的商场重建竣工恢复营业，临时商场的商户有的搬回去了，但大部分不愿挪窝儿。1949年北平和平解放后，临时商场又称"六场"。1956年公私合营后，商户逐渐离开这里按行归口，临时商场的历史悄然结束了。1967年，光明日报社在临时商场原址建办公楼，但只建了地下厂房即被停建。1981年5月，西单百货商场职工自己动手又在这块基地上建成了北货场。[①]

[①]王岫雯著《临时商场》，载北京市西单百货商场场史编写组《旧日西单商场》，北京出版社1988年9月第1版，第37~43页。

南杂技场变身惠德商场

1937年厚德、福寿商场大火后,南杂技场也随之消失了。1939年,在南杂技场地界上开始修建商场,1941年春天建成开业。顺着"厚德"的意思,商场起名"惠德商场",用水泥在正门上铸起了这4个小红字。

惠德商场面积不大,东、西、北和临街的店铺都是木制简陋的二层楼,场子中间有南北走向两趟街,东趟街卖书,西趟街有万里鞋店和保尔泰药店等。临街有修理无线电及卖鞋、袜子、百货、帽子的,还有刻图章、卖首饰的。场内有明湖春饭馆、101照相馆、嘉禾照相馆、留香晒相馆、爱其庐咖啡馆、久大体育用品商店,以及理发馆、星相家算命馆。

常州风味的明湖春饭馆,主营肉末烧饼,还有干烧鳜鱼、炒鳝鱼丝、三鲜炒面、肉丝炒佛手等,价廉味美,顾客花钱不多,吃得满意。一到中午饭点,楼上楼下客满,就连西单牌楼附近的几家大馆子都比不上它。久大是西城第一家体育用品商店,出售胶鞋、球鞋、体育器材及各种球类。

101照相馆业主是位搞美术的,他设计的标志是"两竖中间夹一个圆圈",和相机的镜头很像。他还很会宣传,1941年照相馆开业时登报请读者竞猜:惠德商场将要开业的照相馆叫什么名字?猜中者送一份照相。引得不少人来商场打听,还未开张,"势"先造出去了。营业室里悬挂了一张放大的相声演员常连安的张口大笑照片,他的4个"蘑菇"儿子各占相片儿一角,手指父亲做出不同的可爱滑稽的笑脸，既引起了主顾的注意，也显示了摄影师的才华。

星相家算命馆的算命先生很会搞猫儿腻。算命先生让顾主把有关自己的真实内容，当着大伙儿的面写在纸条上，让围观者看清楚。结果一算，个儿顶个儿的准，于是乎大伙儿就夸算命先生算得准，是"神仙下凡"。其实，围观者里面有他的助手，早用暗号告诉了他纸上的内容，当然算得准了。场内有位商人，想考考算命先生，就让他算算自己家里有兄弟几人。但商人坚决不写在纸条上。没了"内线"提供"情报"，算命先生只好装模作样地掐指瞎算：三四个。商人说：不对！是9个。算命先生又说：那是两个母亲的。商人又说：不对！是一个母亲的。算命先生只好低声下气地说：我不收卦钱，不收卦钱了。

从1941年开业到1949年北平和平解放，惠德商场变化不大。1949年共有商户67家。1956年公私合营时，摊店按行归口。峨嵋酒家、又一顺以及临时商场的小吃部搬进来，成为风味小吃专场。①

福德商场

南临堂子胡同的福德商场原来只有几家不起眼的小商店。1937年西单大火后，福德商场把临街铺面房后边的房拆了，又

---

① 王岫雯著《惠德商场》，载北京市西单百货商场场史编写组《旧日西单商场》，北京出版社1988年9月第1版，第44~47页。

在场子的北面、东面盖了3层楼的店铺，场子中间建起一座3层小楼，楼的两侧有东、西向两趟摊贩街。1941年夏开业，第一个开张的是王文石的图章摊和"门儿刘"的烟摊。

西边临大街3层楼，有盛锡福、威钟表店、华光女子服装商行和明明眼镜公司。东边3层楼，有专卖檀香佛珠等佛前用品的道德堂及鞋店、旧书店、小卖部。北边3层楼，有百货店、中国唱片公司、百岁（儿）服装店。百岁（儿）服装店专卖一百天左右小孩儿的衣服，经理是位姓张的女大学生，前店后厂，小布娃娃、小帽子、小手套、小月装应有尽有。中间3层楼里，有泰金店、松林咖啡馆、书店、百货店、四明球社、照相馆、画像馆、燕京戏院。商场西趟街都是修鞋、做鞋、卖鞋的鞋摊，东趟街是卖旧书的书摊。

1949年，该场有商贩40户。1962年，改建成食品商场。[①]

西单商场的今生

1956年，全场百货和照相业实行公私合营，改称中国百货公司北京市百货公司西单商场。1958年9月，饮食服务、新旧书店、旧货、特种工艺等25个单位实行统一领导、统一经营。1963年，先后将第一食品商场、第二新旧书店商场、第三饮食服务商场，分别划归对口专业公司经营领导；第三、第四、第五商场更名为"北

---

① 王岫雯著《福德商场》，载北京市西单百货商场场史编写组《旧日西单商场》，北京出版社1988年9月第1版，第47~52页。

京市西单百货商场"，以经营百货业为主。①

　　1972年，西单商场员工自行设计、施工，建起了西单商场营业大楼。1978年正式对外营业，成为北京四大商场之一。

　　改革开放后，西单商场首创"引厂进店"，率先实行承包制，进行内部体制机制改革。1991年5月，实行计划单列，以西单商场为核心企业组建北京西单商场集团，由单一的零售商店改组为企业集团。1993年5月，经北京市经济体制改革委员会批准，西单商场集团等5家单位为共同发起人，组成北京市西单商场股份有限公司，经营范围包括购销针织品、百货、五金交电化工、金银饰品等；销售食品、饮料、音像制品、遥控玩具等；美容美发、首饰改样、验光配镜、摄影彩扩、承办展览展示等。1994年至1995年，对商场营业大楼进行第一次大规模全面改造，成为当时北京最大的百货商场。1996年，西单商场股票在上海证券交易所上市。1997年9月，北京西单商场集团与北京友谊商业集团实施协议合并，成立北京西单友谊集团。2003年，西单商场完成第二次大规模改扩建装修。2006年，一举荣获"金鼎品牌店"称号，成为北京市首批获此殊荣的8家单位之一。

　　北京市西单商场股份有限公司是国内著名的大型商业零售企业，主要涉及百货、超市、品牌代理、物流配送、计算机开发应用、餐饮娱乐、食品加工等多个领域，除西单商场外，还拥有友谊商店、万方西单商场、天通苑购物中心、法雅公司、谊星公司、光彩伟

---

① 北京市地方志编纂委员会编著《北京志·商业卷·日用工业品商业志》，北京出版社2006年8月第1版，第225页。

1956年公私合营后，以"第三门市部"为基础，对西单商场一至五场百货、照相业等合营户，采取直接过渡形式迅速实现了公私合营，形成了一个新型的国营综合商场

业公司、西羽戎腾公司、兰州西单商场、成都西单商场、新疆西单商场、格尔木西单商场、金鹏公司，职工5700余人，总资产近20亿元，是全国零售百强企业。

多年来，西单商场始终秉承"求实奋进"的企业精神和"引领消费、回报社会"的企业使命，不断弘扬"实实在在的商品、实实在在的价格、实实在在的服务"的"三实"精神，使广大消费者时刻感受到"知你、知我、知心，如亲、如故、如家"的购物享受，以"百姓商场""北京人的商场"等美名享誉社会。

西单商场培育出王权、刘秀玲、"不落的夕阳红——林慧兰中老年柜组"、"买的是商品，卖的是文化——夏国卿"、"让绿色食品上百姓餐桌——宋景波"、"让金子含情的人——黄金珠宝销售专家任月征"、"相机通——李棣华"等一大批全国和北京市劳动模范及先进模范群体。全公司有4人荣获"全国劳动模范"称号，25人荣获"北京市劳动模范"称号，39人分别荣获"全国五一劳动奖章""北京市劳动技术能手""首都劳动奖章"等荣誉称号，还有全国及市级以上青年文明号柜组25个。先后获得"中国商

20世纪60年代西单商场外貌

业名牌企业""中国商业服务名牌""全国百家最大零售商店""全国百家最大规模、最佳效益商店""全国文明经营先进单位""全国思想政治工作优秀企业""全国创建文明行业工作先进单位""首都文明单位标兵"等诸多荣誉称号。

  2011年7月22日,西单商场发行股份有限公司吸收新燕莎集团,组建北京首商集团股份有限公司,公司股票名称由"西单商场"变更为"首商股份"。西单和燕莎合并完成后成为仅次于王府井百货大楼的北京市第二大上市百货类公司,主要涉及百货、超市、品牌代理、物流配送、计算机开发应用、餐饮娱乐、食品加工等多个领域,门店遍布北京、甘肃、青海、四川、新疆等省、直辖市、自治区,是全国零售百强企业,拥有的西单商场、燕莎商城、贵友大厦、奥特莱斯、金源燕莎Mall等都是享誉北京乃至全国的零售品牌。

西单商场

成文厚——"账簿第一家"

早年间老北京的账房先生有句口头禅:"北有成文厚,南有老立新。"意思是说全国最有名的账簿商店,就数北京的"成文厚"和上海的"老立新"了。

清光绪三十年(1904年),一位刘姓商人在山东济南开办了一家经营笔砚、农村课本等商品的小店铺。由于当时天津已经有了一家叫"成文信"的店铺,所以他就给自己的小店铺起了个字号——"成文厚"。当地同行不多,生意比较好做,成文厚业务发展很快,先是在龙口、烟台、营口等地设立了产品代销点,20世纪30年代初又在哈尔滨、吉林、丹东等地开设了分号。

寓意"燕飞大地"的成文厚"燕京牌"商标

吉林成文厚的经理刘显卿非常有眼光，他觉得北平是中国的文化之都，文化用品市场前景广阔。1935年，他派儿子刘国梁以500元的资金，在学校比较集中的西单开设了"显记成文厚"，以经营通俗读物、学生用书和文具为主，也兼卖一些条子账，所售商品大部分从吉林成文厚进货。

那年月中国大部分企业使用的是旧式账簿，就是俗称的"条子账""流水账"，用毛边纸或东昌纸印上红色的竖格，用毛笔自右至左书写，结算起来很不方便，账房先生常为此大伤脑筋。20世纪40年代初，北京得泉簿记学校校长贾得泉先生编辑出版了《改良中式簿记》一书，第一次介绍了科学的复式记账方法和借贷式账簿的样式。

老板刘国梁个子不高、胖胖的，人很精明。他和账房先生刘培森看到书后，欣喜若狂，抓住时机与贾得泉先生合作，设计了国际上通用的借贷式账簿及西式记账单据等30余种，1942年首次推出。新式账簿采用日本富士纸，三色画线，虽然价格贵，但科学实用,很受欢迎。为了防止盗版,成文厚还在账簿上署上设计者姓名,郑重标明"翻印必究"。自此,成文厚生意日渐兴隆。

成文厚出售的各类账簿样式新、质量优,被人们称为"北账",在社会上享有很高的知名度。为了扩大账簿的声誉,刘国梁还精心设计了象征成文厚业务飞跃发展之势的"燕京牌"商标,寓意"燕飞大地"。很快,"燕京牌"各种会计用品迅速占领了华北、西北、东北的绝大部分市场,成文厚也成为全国著名的主营会计用品的商铺。①

1946年,成文厚迁至西单北大街137号(今18号)。1955年11月25日,成为北京首批公私合营企业。"文化大革命"期间,易名为"北京账簿商店"。1978年党的十一届三中全会后,营业场所由过去的单一门店,扩大为账簿、卡片、批发3个门店。1980年,成文厚在原址进行翻建,同时恢复了老字号,末代皇帝溥仪的胞弟溥杰先生、著名书法家王遐举先生先后题写了门匾,使店堂更加增色添彩。1988年,成立了集生产、加工、批发、零售为一体的有42家企业参加的经济联合体——北京成文厚账簿卡片公司企业集团。1992年,国家财政部实行新的会计制度,成文厚又迅速研制出六七十种新的账页、单据、表格,为满足新的记账需要提供方便。②

---

① 韩文蔚著《账簿第一家——北京成文厚》,载北京市西城区政协文史资料委员会编《西城名店》,1995年12月内部发行,第114~116页。

② 北京市地方志编纂委员会编著《北京志·商业卷·日用工业品商业志》,北京出版社2006年8月第1版,第102页。

进入 20 世纪八九十年代，新技术革命浪潮风起云涌，电脑进入了传统的会计领域。1996 年，成文厚开设了现代办公用品商店，经营电脑、软件等高新技术产品。2005 年，全国最大的管理软件公司用友软件与成文厚签约并开展合作，充分实现资源共享、优势互补，更好地全方位专业性地服务于客户。

成文厚集团下设账簿商店、卡片商店、现代办公用品商店、批发部，主要经营会计账簿、凭证凭单、文化用品、档案用品、管理卡片、现代办公设备、通信设备等 2000 余种商品，在全国的经销网点有 200 多个，产品销往全国 16 个省市，北京地区市场占有率达 90%。

成文厚

进入互联网时代，办公无纸化已成必然趋势，中华老字号"成文厚"又面临新的机遇与挑战。北京中联博纳投资咨询有限公司（中国市场调查网）发布的《2011—2012 年中国成文厚账簿市场竞争分析报告》中指出，成文厚必须创出一条适合自己发展的道路。

万里鞋店

万里鞋店，顾名思义，就是"穿万里鞋、走万里路"的寓意，说明鞋的质量好。1943年，郭翔云、郭翔林兄弟二人继承父业，在当时的西单益德商场开办鞋店，制鞋销鞋。郭翔云很会抓顾客的心理，他把货架摆成一层比一层高的"兔儿爷摊"，一是可以多摆鞋，二是方便顾客挑选，很受买主欢迎。这家鞋店前店后厂，继承了父辈经营鞋业的传统工艺，云集南、北方制鞋高手，生产各式男女皮鞋，以工艺独特、选料考究、做工精细、款式新颖而享誉京城内外。

"万里"鞋选料考究、制作精良。郭翔云经理亲自采购制鞋

1956年公私合营后的万里皮鞋商店

20世纪90年代的万里鞋店

的底皮、面料，一律挑选上等制鞋原料，对二等皮、残次皮坚决不用。制作的时候，下料、胶粘、缝合、上底等每道工序都有专人验收，出售的鞋上都盖有"万里"的店章。卖出去的鞋即使出了质量问题，也可以及时退换，还要追究制作、验收人员的责任。

"万里"鞋式样新颖、独特、考究。他们不断了解、分析市场动态，改进鞋的式样，增加品种，以新取胜，并根据销售情况决定鞋子的加工数量。当时的皮鞋一般都是3个扣眼，他们就推出了4个扣眼的新款式，显得新颖美观。特别是他们生产的"砸花三接头""大梗式"皮鞋，特别受欢迎，一时享有"新派鞋店"的美誉。[1]

---

[1] 文风著《享誉四方的万里鞋店》，载北京市西城区政协文史资料委员会编《西城名店》，1995年12月内部发行，第140~142页。

万里鞋店的服务更是交口称赞。店堂内设有试鞋凳、试鞋垫、休息室，陈列着底皮、面料原料，对一些脚型特殊的顾客，当场量尺寸、画鞋样，对残疾人还提供上门服务。

1956年公私合营后，鞋店与西单地区的"新彩霞""老佳丽""九隆""千福""新中国""隆隆""华北""美奇"等8家鞋店合并，仍沿用"万里鞋店"字号。营业场所扩大了，加工能力也增强了。1982年，万里鞋店重新翻建，取消了加工厂，经营范围由皮鞋扩大到布鞋、胶鞋、拖鞋、旅游鞋等上千个品种。1992年元月，万里鞋店迁到西单北大街143号，杨成武将军为鞋店题写了牌匾。[①]

由于西单北大街的改造，20世纪90年代，老字号万里鞋店完成了它的历史使命，乘万里之风而去。

西单第一理发馆

1955年从上海引进技师开业的西单第一理发馆，就坐落在西单北大街路东，想当年那可是响当当的时尚名店。1958年，理发馆几位师傅研究出电推子拱楂操作法，提高了工作效率，减轻了劳动强度，在全市美发业推广，当时叫"技术革命"。1960

[①] 北京市地方志编纂委员会编著《北京志·商业卷·日用工业品商业志》，北京出版社2006年8月第1版，第219~220页。

20世纪六七十年代的西单第一理发馆

年,理发馆扩充为3层楼房,营业面积370多平方米。分男、女部,有职工60多人,每天服务300多人次。西单第一理发馆的美发技术,绝对全北京领先,许多手艺好的师傅都是劳动标兵,创造出海燕式、翻翘式、单花式、双花式、辫花风凉式等10多种新式发型,人们亲切地叫它"西单第一"。京剧表演艺术家马连良、张君秋,电影演员白杨等文艺界许多人士都是这里的常客。[①]

1985年,西单第一理发馆投资100多万元引进日本美容美发设备,改建后改称"西单第一美发厅",营业地点也搬到了西单劝业场。美发厅分男、女部,共有20多把椅子,大落地玻璃门窗,悦耳的流行音乐不断从里面飘出。名气大买卖就多,顾客排队理发那是常事。那年月理发得先交钱后理发,店里有专门卖票的,顾客拿了票就开始等了。节假日一天最多能有几百号人,

---

[①] 北京市地方志编纂委员会编著《北京志·商业卷·饮食服务志》,北京出版社2006年8月第1版,第256页。

迁入西单劝业场东南角的西单第一美发厅

师傅都忙不过来了。不少爱美的女士，在这儿烫一个从国外电影里学来的蘑菇头、乱妆，在旁边的国泰照相馆拍张留念照，当年管这叫"潮儿"，今天管这叫"范儿"。

20世纪90年代初，西单第一美发厅共有职工50多人，其中一级技师、二级技师就有20多人，几乎所有技师都受过专业培训，创下了年收入、年利润等几项指标居全市同行业之首的纪录。1992年，荣获"北京市十佳企业"称号，女经理张爱琴被评为"优秀企业家"、北京市和全国劳动模范。但1997年之后，随着发廊的兴起，"西单第一"的生意不那么火了，这儿不再是做时髦发式的唯一了。[①]

2000年后，西单第一美发厅被收购重组。现如今，月坛南

[①] 葛永泽著《以技立标的西单第一美发厅》，载北京市西城区政协文史资料委员会编《西城名店》，1995年12月内部发行，第174~176页。

爱丽宫美发厅

街西宫宾馆爱丽宫美发厅就是西单第一美发厅几经迁移后留下的痕迹，还保留三、四把椅子，不过理发师已经没有一位是从"西单第一"出来的了。[1]

---

[1] 傅洋著《西单第一理发繁华不再》，载《北京晚报》2006年6月12日。

西单菜市场

西单、东单、朝内、崇文门4家菜市场，想当年在北京那可是赫赫有名。西单菜市场位列四大菜市场之首，还是全国十大菜市场之一。不过，现如今繁华的西单北大街早已不见了西单菜市场，老地界上耸立起来了上下都透着21世纪元素的北京君太太平洋百货有限公司。

民国初年，西单北大街路西、舍饭寺（今民丰胡同）东口路北是一片空场儿，常有小贩在这儿卖菜，于是乎渐渐成了菜市场。最初的菜市场是个大铁板棚子，四周用木板围着，东面开两个大门。进门是两排明摊，一般都有字号；南北两侧是木板房，一间屋子就是一个字号。这些字号要么是"夫妻摊"，要么有两三个伙计，人手都不多。场内最大的商店"聚兴成"海味店，也不过十五六个人。20世纪二三十年代，西单菜市场有摊铺一百七八十家，算是比较红火的时候。俗话说"不怕不卖钱，就怕货不全"。这里不仅地理位置优越，而且货全鲜活，大小饭庄、大宅门等来这儿采买，一趟就齐活儿了。不过当年这儿环境卫生条件可够差的，没有下水道，脏水满地，一到夏天，真可谓"五味俱全"。

到了20世纪40年代，日本人占领下的北平，物价飞涨，市面萧条，老百姓连正经八百的粮食都吃不着，买菜的就更少了。

抗战胜利了，国民党来了。时间不长，货币贬值得更厉害，成捆的法币、金圆券都买不了几斤粮食。到北平解放前夕，菜市场摊铺只剩不到 100 家，后边的摊铺都空着。[1]

1956 年，西单菜市场在皮库胡同南侧的西单北大街 195 号落成，西单菜市场 5 个大字加一个红五星高耸在门楣之上。这回真是名副其实的大菜市场，营业厅像个足球场，鱼、肉、禽、蛋

1962年的西单菜市场

和蔬菜一应俱全，还兼卖酱油、醋、咸菜、豆制品和其他调味品等副食。尽西头的蔬菜区面积最大，一到冬天，白菜、萝卜和土豆堆得像座座小山，青绿菜则高贵地躺在货架上，青椒、黄瓜的价格贵得几乎无人问津。无论春秋与冬夏，西单菜市场整日人来

---

[1] 肖斌著《走向辉煌的西单菜市场》，载北京市西城区政协文史资料委员会编《西城名店》，1995年12月内部发行，第91~93页。

20世纪80年代的西单菜市场

人往、熙熙攘攘,日接待顾客高达 5 万人次。

那年月搞计划经济,物资短缺,买什么都得凭本,有钱没证、没票也买不成。有一阵子冻鸡是个例外,买冻鸡不用凭本,一下子冻鸡紧俏了。有一年春节,为了买冻鸡,一位大妈早早地来到西单菜市场,排了 3 个多小时的队,眼看就到她了,冻鸡卖完了。一问售货员,春节前冻鸡都不再卖了。她的心一下就凉了,忍不住失声痛哭。[1]

改革开放后,西单菜市场把"园林设计"搬了进来。水产品专柜改造成"踏浪归来"的别致小岛,把过去的鱼池子变成十几个大鱼缸叠起的漂亮的水族墙,水从高处层层流下宛如瀑布,逼真的椰树、船帆,一派南国椰岛旖旎风光。过去的鸡鸭柜台改建为"禽岛风光",大玻璃房子内假山、假树,鸡、鸭、兔子等各

---

[1] 尹玉泉著《寻根老北京四大菜市场》,载《北京青年报》2010年5月12日。

种活物悠然自得。以前的蔬菜柜台变成了"田园春色",成筐成捆卖的蔬菜变身为打理精细的自选商品,贴上价签,顾客看中哪个拿哪个。当然,现如今大超市都这样购物,不过在20多年前,开架售货可是新事物,顾客的感觉好极了。

随着西单地区的改造,1997年8月19日,西单菜市场开始拆迁,这个曾经充满光荣与梦想的菜市场,从北京消失了。2003年12月,当时北京最大面积的百货公司——君太百货在西单菜市场的地界上建成开业。

西单劝业场

劝业场就是大城市中的综合商业大楼,像什么天津劝业场、北京劝业场、成都劝业场、武汉劝业场等。但20世纪80年代的西单劝业场和它们不同,既不是老资格的商业名店,又没有什么大楼,倒像个集贸市场。

现如今西单路口东北角的西单文化广场就是当年西单劝业场的地界,之前这里是1959年建的西单体育场,是西城老百姓锻炼、娱乐的乐园。

改革开放之初,人们对什么商品经济、市场经济搞不太懂,流行全民做买卖。西单体育场里的旱冰场改成了游乐场,经营了两年多关张了。于是,西单路口东北角成了小百货市场,灯光篮

20世纪80年代的西单劝业场

球场圈起几十间房子,成了卖港式服装的市场。影视明星李成儒就是从这儿卖西服起家,成为京城第一批万元户的。

1985年,为建华威大厦、华南大厦和修建地下煤气设备,西城区政府将西单北大街路东的商业、服务业网点拆除,把西单体育场改建为西单劝业场,1986年正式营业,面积约1200平方米,大门西向朝着西单北大街,两侧是当时有名的两家餐厅——阿兰餐厅、西单快餐店。[1]劝业场东边是两排临时铁棚式排子房,主要卖服装和鞋帽,大批温州人在这里经营,卖牛仔裤的摊位引领着当时北京的时尚风潮,比现如今的"动批"有名多了。劝业场还集中了七八家书店,最知名的是西单科技书店和新华书店。节假

---

[1] 北京市西城区志编纂委员会编著《北京市西城区志》,北京出版社1999年8月第1版,第577页。

西单劝业场内人头攒动、生意火爆

日,来这儿逛的市民起码 10 万人以上。

1999年国庆50周年大庆前,西城区政府拆除西单劝业场,建西单文化广场,把商户集中到广场地下商城经营。2007年,为迎接北京奥运会,西城区政府再次对西单文化广场进行改造,重新美化平面布局,复建了消失几十年的西单牌楼。随着华威大厦、西单明珠的兴建,不少昔日西单劝业场的摊主重新进入大厦经营。

现如今,西单横二条59号的北京西单劝业场百货有限公司是1998年8月13日注册成立的,是北京城市之光商业有限公司的一个分公司,主要经营购销百货、针纺织品、五金交电、金属材料、建筑材料、装饰材料、化工产品、工艺美术品、机械电器设备、煤炭、计算机及外部设备、塑料制品,从事技术开发、技

1997年西单劝业场鸟瞰

术咨询、技术转让、技术服务，承办生活消费品市场，展览展销等，和当年的西单劝业场不是一个概念。

华威大厦

西单北大街130号的华威大厦，毗邻汉光百货、西单商场，是集商业、餐饮、康乐、高级酒店公寓为一体的综合型现代化大厦，地上、地下14层，总建筑面积为7万平方米。

华威大厦是西城区第一个大型商业合资项目，也是旧城传统商业街区改造的第一个大型合资项目。1990年5月，由于国际贷款银团及合资外方的双重纠纷，华威项目面临搁浅。王汉光临危受命，审时度势，谈判果断决策，既维护了中方主权，又保证了该项目的顺利进展，使项目步入正轨。

王汉光1951年出生，广东潮阳人，泰国归侨。1969年，他从清华附中毕业，正赶上轰轰烈烈的上山下乡运动，来到陕西延川县插队，成了一名"下乡知青"。1974年，就读于西安公路学院；1979年，在铁道部建厂局工作；1986年，"下海"任北京华远经济技术开发总公司投资部经理；1987年，加入中国共产党；1990年，任华威大厦有限公司董事兼总经理。

华威大厦3~8层是商业经营区域，装修风格简洁明快，购物环境格调高雅、祥和温馨。大厦地下1层是和合谷、麦当劳等不同口味的中西快餐，8层是大型美食娱乐广场，既有各地风味小吃如成都小吃、云贵风味、老北京风味、兰州拉面、铁板烧等，

华威大厦

也有菜品精美、环境雅致的特色店中店如吉野家等。在20多年的经营管理中，华威大厦形成了重视商品品质、突出多样化经营的特色，为顾客提供了一处满意的购物场所。

西单购物中心

"不到长城非好汉，不到西单购物中心也遗憾！"西单北大街东侧的北京西单购物中心1991年1月15日开业，是一座现代化综合性商场，经营涉足商品零售、批发、餐饮、生产加工、广告等多种行业，营业面积6000平方米，经营范围包括各类食品、熟肉制品、滋补保健品、干鲜果品、日用百货、针纺织品、化妆洗涤用品、妇女儿童用品、服装、小家电、工艺品、金银饰品、珠宝镶嵌、钟表、照材、音像制品、图书等几十个大类，近3万种商品。

西单购物中心在经营上采取"错位竞争，抢占市场，独创特色，不断求新"的策略，突出以食品为主的经营特色，以妇女儿童为主要服务对象，锻造出"把一颗热心、耐心、诚心、爱心奉献您"的企业精神，强化便民服务、情感服务、爱心服务、星级服务，推出多项便民服务项目，培养出一批具有较高专业岗位技能、练就一手绝活儿、爱岗敬业的标兵队伍。

四星级售货员李健，没有他摆弄不了的皮箱。1990年，年

西单购物中心

仅19岁的李健被分配到西单购物中心皮箱、皮具组当售货员,看到打不开皮箱前来求助的顾客失望而去,他就和皮箱较上劲了。除了在售货中积累,他还向百货大楼一位卖了几十年箱子的老师傅学习,拜了天津皮箱厂一位专门负责北京地区皮箱维修的老工人为师,终于研究出一套开密码锁的规律,练就了一手巧开密码箱的绝活儿,被誉为"皮箱小博士"。2000年,他被评为北京市劳动模范;2005年,被评为全国劳动模范。

有了绝活儿的李健知名度越来越高,附近社区居民、外地游客常慕名而来。箱子打开了,顾客给钱,他却笑着说,免费服务,不要钱。李健已经成为"金字招牌",西单购物中心建立了"李健服务中心"精品服务项目,带动窗口文明服务。而今,"烟酒小行家""收款小快手""英语督导员""健康参谋小团队"等业务技术能手不断涌现。他们用最优质的服务和最精湛的技能活跃在各自的岗位上，接待着来自四面八方的宾客。

20多年来，西单购物中心先后荣获"全国文明经营示范单位""北京市双信双好单位"等几十项荣誉称号。

美特斯·邦威西单旗舰店

1985年，中央电视台播出日本电视连续剧《阿信》，一时万人空巷，收视率高达80%。从此，女主角"阿信"走进了中国的千家万户，"阿信"的原型——和田加津的创业故事也广为人知。

1930年，农民出身的和田良平及妻子和田加津创办了一家卖水果的小店。到第二次世界大战后，小店逐渐扩展成日本一家连锁超市集团——八佰伴，并在东京证券交易所上市。几十年后，长子和田一夫凭借着百折不挠的"阿信"精神，进军海外市场，成了闻名世界的百货业骄子。八佰伴的成功震惊了全世界。然而，1997年9月18日，亚洲金融风暴来临后日本八佰伴集团宣布破产，整个八佰伴集团全线崩溃。

从1990年至1996年短短6年间，八佰伴在中国内地的零售点由零扩展到50多家。1995年，随着重心移向上海，八佰伴与北京赛特双方实现各自最大利益后，挥手告别，从此踏上不同的发展之路。

西单赛特商城

　　西单赛特（全称北京西单赛特商城有限责任公司）由西单国际大厦开发有限公司聘请赛特集团有限公司、山东鲁能英大集团公司共同管理，是一家以经营服装服饰为主的现代化大型零售商业企业。1996年10月18日开业，为期10年。2006年6月28日，10年期《商业委托管理合同》到期，经西单国际大厦开发有限公司与赛特商业公司友好协商，双方圆满结束合作，商城不再使用"西单赛特商城"的企业名称。2006年6月29日，"西单赛特商城"牌匾被"西单国际大厦"牌子代替。

　　2006年至2008年，由于与拥有50年经营权的店内小业主的纠纷，西单国际大厦一直空置。2008年7月26日，西单国际大厦终于从"离开赛特的日子"走出，以美特斯·邦威旗舰店的身份获得新生，现如今B1~B4层都是美特斯·邦威的店面。

美特斯·邦威集团公司1995年创建于浙江温州，主要研发、生产、销售休闲系列服饰。"美特斯·邦威"是该集团自主创立的本土休闲服品牌，品牌名称凝聚了集团创始人周成建先生永不忘却的民族品牌情结和情有独钟的服饰文化理念。"美"即"美丽、时尚"；"特"即"独特、个性"；"斯"即"在这里、专心、专注"；"邦"即"国邦、故邦"；"威"即"威风"。

开业以来，美特斯·邦威西单旗舰店秉承"诚信为先"的经营战略，以市场为中心、以客户的需求为导向，为客户提供多品种、多风格、多档次的产品，为客户搭建起一个服务优质、价格合理、售后完善的购物平台。

2012年8月8日，中国最有价值品牌100榜揭晓，美特斯·邦威以61.69亿元居第52位。

美特斯·邦威西单旗舰店

从中友到汉光

说汉光百货就得先说中友百货,说中友百货就得先说华南大厦。1988年,由于华南大厦暂缓建设,西城区政府在大厦基建原址上建了临时售货大棚——百花市场,1988年、1989年、1990年分三期建设,营业面积达1万多平方米。1993年,华南大厦动工兴建,百花市场拆除。

1997年,亚洲金融危机爆发,国内零售业市场大幅度滑坡。就在此时,华远瑞安商贸有限责任公司成功引进台湾中友百货,合资成立了北京中友管理有限公司,促成了其在华南大厦项目的投资,被北京市政府列为1998年招商引资重点项目。

1988年,由于华南大厦基建下马,暂缓建设,在华南大厦原址建起了临时售货大棚,主要经营日用百货、服装鞋帽等,成为西单商业区上的特色市场——百花市场

1999年1月,中友百货开业,它是西单地区首家引进的走流行时尚路线的台湾百货模式公司。2001年,来京开发中友百货的台湾团队全部撤出后,商场由董事长王汉光接手,业绩突飞猛进。它借助台湾百货模式的企划能力、带动联营模式快速增长,首创了"返券促销""36小时不打烊"等经典营销手段,开行业之先河,一度成为西单时尚百货地标性商场。2002年,百货业界掀起了"时尚百货学中友,高端百货学燕莎"的浪潮。

2013年6月16日,这一天是父亲节,中友百货正式更名为"汉光百货"。"汉光"之名取自已故的前董事长王汉光。改名的原因一是台湾"中友"商标权使用到期;二是从根上剥离台湾百货模式,增强本土化色彩;三是将王汉光董事长诚实经营的精神传承下去。

中友百货以女性业态为主,10层楼中女装占3层,化妆品销量居全国第一。而汉光百货将更加注重"全客层"理念,加大对男士、儿童等业态的投入,扶植本土设计师品牌,同时开发自有品牌,囊括化妆品、珠宝首饰、男装、各年龄层女装、童装、床品、

汉光百货

家品、大小家电等多个品类的商品，最大限度保证了顾客可以在汉光"一站式"购齐全家所需。①

业内人士看来，弃用"中友"名称颇有些"壮士断腕"的决心，这意味着中友多年经营的品牌知名度将在未来的传播过程中大打折扣。汉光百货将以全新的本土百货形象重新出发，进一步调整品牌，提升服务与卖场环境，为顾客提供更加愉悦的购物体验。

君太百货

西单菜市场走了，君太百货来了。2003年12月，北京君太百货有限公司开业，以新环境、新购物为消费者提供最优质的生活空间。

太平洋建设集团是台湾商业巨头，事业涵盖建筑工程、百货零售、金融投资等诸多领域。1993年，"太设"集团在香港设立太平洋中国控股公司，进一步投资中国内地百货业，在成都、上海、重庆等地相继设立太平洋百货分店。2001年，"太设"集团在内地的9家店营业额达150亿元。由于多业经营、投资失误，2002年"太设"集团资金陷入困境。2003年12月，"太设"集团通过香港子公司与友谊集团合资，建立西单君太百货，再次进

---

① 黄荣著《中友百货壮士断腕》，载《中国商界》杂志2013年7月9日。

君太百货

军百货市场。

西单君太是这样解释它的名号的。"君"字代表"尊贵","太"字的意思是"高、大、极、最",内涵是"追求至尊极致",还取古文"太"通"泰"表"平安、安宁"之意。而且《说文解字》释文"太,滑也,从水大声",又寓意企业蓬勃发展、永续经营、川流不息。英文"Grand Pacific",代表伟大、浩大。公司宗旨是"有心、用心、求创新"。

君太百货从 B1 到 7F 共 63000 平方米的营业卖场,地理位置极佳、硬件设施优良、卖场宽敞舒适,为顾客提供了优秀的购物环境。国际级品牌商品、流行性的时尚元素、体贴入微的贴心服务,让购物成为有品位的享受。

君太百货引进了必胜客、肯德基、星巴克等国际餐饮品牌,7层进驻了麻辣诱惑、哈根达斯、水果捞、面包新语、一茶一坐、多乐之日、乐杰士、嘉景轩、面爱面等休闲餐饮,完全满足了不同阶层顾客的差异化需求。

北京君太百货,是名副其实的购物天堂。

西单 109 婚庆珠宝大楼

西单 109 婚庆珠宝大楼 2006 年开业,是北京目前唯一一家以商城模式整体运作、以结婚为主题的婚庆企业。大楼内集合了多家国内外一线婚纱影楼和室内摄影棚,主营婚纱摄影、婚纱礼服、婚庆用品、婚礼策划、新娘跟妆、婚纱体验馆、钻石黄金珠宝、加工鉴定、美体美容及个性化钻戒定制、鲜花定制等婚庆系列项目,为新人提供全方位、一站式的结婚购物享受。

1 层主题为"美丽相约",主要项目有国际婚纱影楼、婚纱礼服、婚庆用品、鲜花定制等;2 层主题为"华彩霓裳",主营精品婚纱

西单婚庆大楼

礼服、彩妆饰品、中式旗袍、婚庆策划服务、珠宝汇等；3~4层是珠宝厅；7层是美食城；5~6层、8~11层的西西友谊酒店，为即将步入新婚殿堂的新人提供中西餐婚宴、婚礼套房等婚庆配套服务设施。优雅的环境，温馨的服务，将给新人们带来无尽的梦想空间。

"幸福要永久，结婚请到109"。西单109婚庆珠宝大楼以其崭新的风貌成为西单商业街北大门的标志，引领西单乃至京城婚纱摄影、钻石珠宝业的发展方向。

西单大悦城

2007年底，中粮集团精心打造的国际化青年城——西单大悦城隆重开业。"大悦城"之名出自《论语·子路》："近者悦,远者来。"释义为"创造喜悦和欢乐，使周围的人感到愉快，并吸引远道而来的客人"。

进入伊始，大悦城采取"源于西单，又高于西单，进而引领西单"的市场策略，在西单这个寸土寸金之地，它特意挑高天花，营造一种宽敞、大气的空间感，彰显一种低调的奢华。大悦城每一层主打一个概念，这些概念有趣味、炫目、优雅、性感、潮流、动感、冲撞、快乐、约会、童真、兴奋、梦想等，围绕这些概念，为年轻消费群体构筑一个全方位的体验空间。

西单大悦城

　　秉悦众之原则，大悦城为顾客精心挑选了近 300 个优秀品牌。这里有西班牙国宝级品牌 ZARA，瑞典服饰零售巨头 H&M，有融合美国西部风味和法国浪漫设计的 GUESS，有源自希腊的时尚配饰 Folli Follie，有简约自然、充满现代生活哲学的 MUJI。

　　大悦城还拥有若干"之最"：世界跨度最长的飞天梯，让顾客叹为观止；长江以北最大的数码影院——首都电影院，13 个影厅可同时容纳 1800 位观众；北京最大的化妆品超市 SEPHORA（丝芙兰）。各色水吧、甜品店常常让消费者驻足，成为情侣约会、闺密谈心的舒适选择。"一站式"购物理念正在京城口口相传并得到越来越多消费者的认同。

　　大悦城开业之前，虽说西单北大街是商业之街，但东、西两侧大有不同。东侧以西单商场为引领，人流量大、市场红火，而

西单大悦城内景

西侧与东侧相比，就显得有点儿冷清了。大悦城开业后经西单地区相互串联的过街天桥，彻底改变了这一切。如今，大悦城已经成为西单商圈时尚达人、流行先锋、潮流新贵休闲购物之地。

西单老佛爷百货

位于巴黎第九区奥斯曼大道 40 号的法国老佛爷百货集团诞生于 1893 年，是欧洲最大的零售集团之一，在全球首倡"让购物成为享受"的经营理念。1997 年，老佛爷进军北京，在金街王府井开了家门店，但不到一年时间，就因经营惨淡被迫关闭。

西单巴黎老佛爷百货

2010年,西单老佛爷项目在京港会上签约;2011年,首届西单国际时尚年会开幕式上,巴黎老佛爷百货集团亚洲第一店"拉法耶特(北京)有限公司"正式揭牌。为降低进军中国市场的风险,老佛爷百货选择与国内时尚零售企业香港I.T公司合作成立了一家合资公司,各占50%股权,并计划5年内在中国开设15家连锁百货商店。

老佛爷百货重新入驻北京,地点为什么从王府井变成了西单呢?

老佛爷百货不仅拥有世界上几乎所有的时尚品牌,而且具有全球眼光和文化视野。2008年奥运会后,北京迅速成长为亚太地区最活跃的奢侈品消费之都,LV、GUCCI、LOEWE等世界顶级奢侈品牌对于中国人来说不再陌生。在延续法国老佛爷特色的同时,西单老佛爷旗舰店还将按照中国人的审美标准,从欧洲、美国以及亚洲其他国家进口一些新的品牌。[①]

2013年9月18日,西单老佛爷百货试营业,10月18日正式营业。虽名为"百货",但走的却是"时尚店"的新路。作为中国首家旗舰店,西单老佛爷百货的开张具有战略性地位,西单的活力和时尚让它充满自信。

中国银行总行大厦

西单路口西北角,有一座漂亮的现代建筑——中国银行总行大厦。按理说中国银行不属于名店系列,但它是西单北大街的一座著名建筑,世界知名的金融企业,必须得说一说。

中国银行是中国老资格的银行。1912年1月24日,由孙中山下令批准成立,2月5日正式开业。其前身是光绪三十一年(1905年)清政府成立的户部银行,光绪三十四年(1908年)起改称大清银行。中国银行成立后一直担负中央银行职责。1928年,国民政府设立中央银行,并修订了中国银行条例和章程,"经国民政府之特许为国际汇兑银行",总行也从北平迁往上海办公。1935年,国民政府再次修订中国银行条例,导致中国银行的实际控制权事实落入四大家族手中。

[①] 龙露、陈虹著《"老佛爷"转战西单后天试营业》,《北京晚报》2013年9月16日第19版。

中国银行总行大厦

　　1949年，中国人民解放军军事管制委员会接管中国银行；12月，中国银行总管理处由上海迁至北京。1950年，中国银行总管理处划归中国人民银行总行领导。1953年，中央人民政府政务院颁布《中国银行条例》，明确中国银行为中华人民共和国中央人民政府政务院特许的外汇专业银行。

　　改革开放后，1979年，中国银行从中国人民银行中分设出来，同时行使国家外汇管理总局职能，直属国务院领导。中国银行与国家外汇管理局对外两块牌子，内部一套机构，由中国人民银行代管。中国银行总管理处改为中国银行总行，负责统一经营和集中管理全国外汇业务。1983年，中国人民银行专门行使中央银行职能，随后中国银行与国家外汇管理总局分设，各行其职，中国银行统一经营国家外汇的职责不变。至此，中国银行成为中国人民银行监管之下的国家外汇外贸专业银行。

1994年国家外汇管理体制改革，国家外汇由外汇管理局经营，各外汇业务银行在外汇业务经营方面享有平等地位，中国银行正式结束了国家外汇专业管理，不再在外汇业务享有垄断地位，由外汇外贸专业银行开始向国有商业银行转化，与其他3家国有独资商业银行即中国工商银行、中国农业银行和中国建设银行一道成为国家金融业的支柱。

2003年，中国银行被国务院确定为国有独资商业银行股份制改造试点银行之一；2004年，中国银行股份有限公司挂牌成立，标志着中国银行的历史翻开了崭新的篇章，启动了新的航程。

中国银行总行大厦由大名鼎鼎的贝氏家族设计。贝氏家族与中国银行的合作关系跨越三代人。祖父贝祖贻曾是中国银行最早的董事会主席，父亲贝聿铭1989年设计了中国银行香港分行大厦，孙辈贝建中、贝礼中兄弟联手设计了中国银行总行大厦。

中国银行总行大厦的设计，既立足于历史文化渊源，又着眼未来的发展。大厦由两个L形的楼翼组成，拥有175000平方米的面积，地上15层，地下4层。大厦外墙采用意大利凝灰石覆面，既体现了银行的坚实稳固，又突出了贯通旧城的路边围墙。作为中国有史以来第一座以意大利凝灰石覆面的大楼，蜜黄色的石料既增添了大厦迎客上门的特色，同时又遮掩了那些季节性从戈壁沙漠吹来的黄沙。

与四合院一样，新的中国银行总行大厦中间围起一个3019平方米的中央花园庭院。中庭有室内园林，山水草木所表现的和谐大自然，充分反映了富有中国传统的人与自然之间的紧密关系。

大厦礼堂高6.5米、宽30米、进深30米，整个礼堂没有一根立柱支撑，可以容纳2000个座位，堪称一部力作。在中华人民共和国成立50周年之际，中国政府正式选出5幢建筑物以代表当代中国所取得的进步，中国银行总行大厦就是其中之一。2001年5月，中国银行总行大厦正式开门营业。

美食·西单

　　名街多带有美食。西单北大街路东的馓子胡同（今东槐里胡同），其名称缘于历史上这里出现过一个姓王的人馓子炸得好。后来这里成为洵贝勒府，今天这里则是巴黎老佛爷百货所在地。民国时西长安街附近饭庄云集，仅淮扬菜饭庄在西长安街上就有12家之多。这里还有天源酱园、天福号、玉华台饭庄、鸿宾楼、桂香村等诸多餐饮企业。

长安街上"十二春"

有清一代,从皇帝到王公大臣都对"鲁菜"情有独钟,御膳房、寿膳房的御厨大多来自山东,"鲁菜"风靡老北京四九城。辛亥革命后,清朝结束,中华民国来了。民国北洋政府的议员、总长等一干"大员",有不少来自江浙,吃家乡淮扬菜成了他们的一种企盼。于是乎,一些商人抓住时机,开设淮扬口味的饭庄。"民国十九年(1930年),在西长安街上出现了十二春:庆林春、方壶春、玉壶春、东亚春、大陆春、新陆春、鹿鸣春、四如春、宣南春、万家春、淮扬春、同春园。"也有"八大春"之说,即:上林春、淮扬春、庆林春、大陆春、新陆春、春园、同春园、鹿鸣春。[1]

"十二春"为什么扎堆西长安街?这是因为西长安街附近有许多衙门,而且离国会(今新华社院内)很近。可以"公款吃喝"的这些衙门、国会中江浙籍老爷,自然成为"十二春"的"衣食父母",淮扬菜饭庄云集于此就很自然了。

淮扬菜又称江苏菜,与鲁菜、川菜、粤菜并称为中国四大菜系。淮扬菜主要指淮安、扬州、镇江3处的菜肴,尤以扬州菜著

---

[1] 北京市地方志编纂委员会编著《北京志·商业卷·饮食服务志》,北京出版社2008年7月第1版,第25页。

淮扬春饭店

称。该菜系的发展得益于隋炀帝下江都，带来了北方的烹饪手法，融合江南本土鲜美的食材。大唐时期扬州富甲天下，该菜系得到极大发展。淮扬菜注重刀工，刀法细腻，原汁原味，咸甜相宜，肥而不腻，烂而不糊，清香爽口，回味悠长；选料讲究时令新鲜，原料以河鲜为主，"醉蟹不看灯、凤鸡不过灯、刀鱼不过清明、鲥鱼不过端午"；烹饪讲究火候，擅长炖、焖、煨、焐、蒸、烧、炒；代表菜品有红烧狮子头、软兜长鱼、文思豆腐、虾子蒲菜和文楼汤包。

据说当年乾隆爷"六下江南"时，将江南的一些名厨带到京师，《红楼梦》中描述的菜肴就多为淮扬菜。不过那年月的淮扬菜"躲在御膳房人不识"，平头百姓难以问津。

先说说"长安十二春"中最早开业的淮扬春。民国初年开业，由江苏淮安人夏万荣在西长安街路南（后新风饭馆所在地）开办，1947年倒闭。1987年，在西城区政府的支持下，淮扬春饭店在三里河东路10号恢复营业。1994年，淮扬春饭店被北京市旅游局、北京市饮食总公司命名为"北京市淮扬菜风味龙头企业"。如今，淮扬春饭店内设10多间豪华包房，散台12个，可同时接纳400

多人就餐。淮扬春饭店能为顾客提供160余种菜肴,特色菜有三丝鱼翅、一品官燕、扒熊掌、扒三白、锣锤鲜贝、贵妃鸡翅、清蒸蟹、炸脆鳝、糖醋鱼、蟹黄扒菜心等传统淮扬名菜。①

同春园1930年开业,几位合股人是从生意不佳的四如春饭庄出来的。"同春园"名号寓意"同心协力春满园,花开茂盛,生意兴隆"。开业当天,邀请时任北平电灯公司经理、著名书法家冯恕捧场。冯大师当即贺之"杏花村内酒泉香,长安街上八大春"。但是,开业之初,生意不太好,几位厨子相继跳槽。主灶的郭干臣四下求贤,高薪请来了在虎坊桥春华楼扛江苏菜大旗的王世枕。王世枕祖上两辈都在王府当厨,得家传后赴南京镇江学艺。那年月饭馆业竞争激烈,既有"横匾"即字号之争,也有"竖匾"即主厨之争。王世枕一来,同春园横、竖匾都硬了,饭庄生意也红火了。尔后同春园的烹饪技师有高国禄、王家栋、杨伦、张万增、刁文波等。

1962年位于西单路口的同春园饭庄

同春园主要以苏帮菜为特长,烹制河鱼湖蟹菜肴十分出众。

①北京市地方志编纂委员会编著《北京志·商业卷·饮食服务志》,北京出版社2008年7月第1版,第56页。

河鲜类菜以烧、煎、烹、熘、炸、焖手法为主，菜肴口味鲜嫩、清淡、微甜，成菜出品不失原汁原味，虽酥烂但不失其形。鱼馔做法尤为丰富，有干烧青鱼、红烧中段、干烧头尾、砂锅头尾、糖醋瓦块鱼、烧划水、五香叉烧等名肴。名菜水晶肴肉（也叫水晶肴蹄）300多年前就在名肴之列，近代文人赞誉"风光无限数金焦，更爱京江肉食饶。不腻微酥香味溢，嫣红嫩冻水晶肴"。所以有"肴肉不当菜，镇江一大怪"的说法。

20世纪80年代的同春园饭庄

　　同春园是长安街上先后出现的众多"春"字号淮扬馆子中唯一生存下来的一家。1936年，同春园招股扩建，成为有东、西两个四合院，带几个小套院共计25间房的大饭庄，面积扩大到800平方米。但是，连年的战乱，使北平的饮食业日渐衰落，同春园也是惨淡经营。1954年，长安街扩宽马路，同春园迁到了西单十字路口西南角把口儿。1999年，为迎接中华人民共和国50年大庆，西单路口大面积改造，同春园再次迁址到新街口外

20世纪90年代改建后的同春园饭庄

大街甲 14 号的十月大厦，餐饮面积 1113 平方米。2006 年被国家商务部认定为"中华老字号"。[①]

大陆春的红烧羊肚菌等"当家菜"很受食客欢迎。在北洋政府教育部任佥事的鲁迅先生，就多次在大陆春聚朋会友。他在 1926 年 5 月 10 日日记中写道："晴。上午往北大讲。访小峰。访季野。得谭在宽信。午后得语堂信招饮于大陆春，晚赴之，同席为幼渔、季市。董秋芳来，赠以《故乡》一本。"

位于新街口外大街甲14号的同春园饭庄

语堂就是著名作家林语堂先生，原籍是福建。大陆春离教育部很近，淮扬风味又适宜林语堂、鲁迅的口味，他们在这里饮宴自然顺理成章。

1929 年，清华大学教授朱自清结发妻子武仲谦因病去世。1931 年 4 月，经朋友劝说，朱自清在叶公超等人陪同下来到大陆春饭庄相亲。那天朱自清的衣服搭配出了点儿问题，米黄色的绸大褂儿下却穿了一对双梁靸鞋，陪陈竹隐前去"参谋"的女同学不同意她嫁给这个"土包子"，但陈竹隐看上了才华横溢的朱自清，由此开始了一段美好的姻缘。1932 年 8 月 4 日，34 岁的

---

① 尹玉泉著《探秘老北京最繁华的饭庄》，载《北京青年报》2010年3月3日。

朱自清与29岁的陈竹隐正式举行婚礼。

　　庆林春只存在了短短的二十几年，但1941年在这儿举行的一场不同寻常的"婚礼"，却至今让人时常说起。白石老人同治三年（1864年）一月一日生在湖南湘潭县南边一个叫作星斗塘的地方。齐家是贫穷的庄户人家，爷爷按照族谱，给他起了个大号——纯芝。小时候因为家里穷，他只上了半年私塾，15岁开始学雕花木匠，27岁正式开始学画，从此改名璜，字濒生，号白石山人。聪慧加上勤奋，不久，"芝木匠"就闻名乡里。1919年春天，57岁的白石老人第三次到北京，从此在北京定居。齐白石的发妻陈春君舍不得湖南老家的一点儿薄产，没有随他进京，但又担心他的生活。1919年7月，陈春君亲自将胡宝珠送到北平与丈夫完婚，从此胡宝珠就一直陪伴着白石老人。

位于清华大学的朱自清雕像

　　1940年初，陈春君在湘潭老家去世，许多亲友劝白石老人把胡宝珠扶正，作为继室。1941年5月4日，白石老人在他非常喜欢的庆林春饭庄，订了3间一套的包房，邀请胡佩衡、陈半丁、王雪涛等人为证，举行胡宝珠立继扶正仪式。在场的20多位亲友都签名盖章以资证明，白石老人当着亲友的面，在族谱上批明

白石老人与继室胡宝珠

"日后齐氏续谱,照称继室"。

新陆春也是20世纪30年代开业的,后来在地安门外大街路口西北角建店经营,称新路春。1980年,引进天津狗不理包子,这是北京城第一家引进天津狗不理包子的饭庄,当时叫天津狗不理包子铺北京分店。笔者十几年前在这里吃过狗不理包子,但不如在天津吃到的味醇正。2010年2月,新路春暂时关闭,改建成峨嵋酒家分店。

"十二春"的当家者多为镇江、扬州、苏州人士,他们把家乡文化也带到了北京。"十二春"的伙计们的吆喝声不像京城小饭庄那样大声,"来了您哪,里边请!"而是细声细语,温馨之至。"十二春"在店堂装潢、布置上也突出文化色彩,名人字画必不可少,有一家曾挂有"三杯两盏扬长去,莫问前程路坎坷"的条幅,颇为引人注目。

"十二春"促进了西单一带的繁荣。人们在"十二春"用餐之后,就到新新大剧院(后来的首都电影院)、中央电影院(今北京音乐厅)和长安大戏院娱乐消遣。除了戏院外,这儿还出现了"理发一条街",一些"新派"人物对老北京人的剃头挑子不感兴趣,于是有人在这儿开设了"中国理发馆",光技师就有40余人。

"天下没有不散的宴席。"民国首都迁到南京后，北京也改称了北平。江浙籍的老爷走了，坐镇北平的换成了东北人，他们喜欢大块吃肉、大碗喝酒，钟情于猪肉炖粉条子，对淮扬菜兴趣不大，"十二春"消费群体没了，再加上军阀混战、南北交通不畅，菜肴原料供应不上，"十二春"大多相继歇业，销声匿迹。到20世纪40年代末，仅剩同春园一家。

"十二春"虽然辉煌不再，但中华人民共和国成立后淮扬菜却重现辉煌。1949年中华人民共和国开国大典后举办的开国第一宴、1999年中华人民共和国50周年大庆宴会、2002年江泽民总书记宴请美国总统乔治·布什等，都是淮扬菜唱主角。

天源酱园

提起天源酱园，老北京人一准知道，现如今就连外地的朋友及华侨、外国友人也有不少人知道并喜欢天源的酱菜。

清朝同治八年（1869年），京城"四大当铺"之一的刘湛轩花200两白银，买下西单十字路口东一家即将倒闭的油盐店，开办了天源酱园。为了打入上层社会，他让酱菜师傅引进紫禁城御膳房的技术，前店后厂，自产自销，生产甜面酱和各种甜酱菜。民国时期的北京《晨报》曾经刊载《谈北京之酱园》一文，文中介绍：

1956年位于西单十字路口东侧的天源酱园

"'天源'之股东为刘姓,俗称'当刘(刘湛轩)',为清时北京著名'当业'四巨商:常、刘、高、董之一,乃四大总管也。私宅在东四六条,豪富气概俨如王公府邸。"

宣统二年(1910年)前后,天源酱园的股东传到"当刘"的曾孙刘瑞臣名下,之后刘瑞臣又传给长子刘祖武。

天源酱园的出名和许多北京老字号一样,都和朝廷、皇上或者慈禧老佛爷有点儿牵连。据说有一次慈禧老佛爷吃到"天源"的桂花糖熟芥,大加赞赏。消息传到天源酱园,机灵的店老板立马儿把堂内盛糖熟芥的瓷坛子放在红漆木架上,标明"上用糖熟芥"字样。广告推介大获成功,一时间天源酱园名声大震,不少豪门官贵成了客户。店老板借着这股东风,又请当朝翰林陆润庠[1]题写了"天源号京酱园"的金字牌匾，请清末书法家王垿[2]题写了藏头诗"天高地厚千年业，源远流长万载基，酱佐盐梅调鼎鼐，园临长安胜蓬莱"。天源酱园更加声名远播。1939年出版的《日下旧闻考》曾刊载："北京酱菜，颇为著名，甜酱菜以天源为最佳。"

天源酱园选料加工坚持"真工实料、严格考究"。《谈北京之酱园》一文介绍说：

刘湛轩"原籍为京西八里庄人，在该处置有田园甚多，手中出产亦巨，故'天源号'所用之原料，如萝卜、芥菜等均系自己园中所产，不足时，始购自京西一带著名之菜园。原料既佳，制造又精，故较他号所制之酱菜驰名也。'天源号'在冬季时，所售之咸菜，有名萝卜干者，甚为甘芳适口，萝卜之选择，以不艮不辣为准，加五香料腌之，嫩脆甘馨为他号所不及……"

据天源酱园的"老采购"贾国英师傅介绍：天源酱园采购的原料有小红门的"香瓜李"、蒲黄榆的"二英萝卜"、沙窝的"铁把椒"、白纸坊黑土地产的"甘露"、东便门"小白口"白菜、西郊东冉村的"王贵大蒜"、卢记的"秋黄瓜"、通州马驹桥的"两

---

[1] 陆润庠（1841—1915年）：字凤石，号云洒、固叟，元和（今江苏苏州）人。同治十三年（1874年）状元，历任国子监祭酒、山东学政、国子监祭酒。后任工部尚书、吏部尚书，官至太保、东阁大学士、体仁阁大学士。宣统三年（1911年）皇族内阁成立时，任弼德院院长。辛亥革命后，任溥仪老师。

[2] 王垿（1857—1933年）：书法家。字爵生、觉生，号杏村、杏坊，晚号昌阳寄叟。山东莱阳人。先后任翰林院庶吉士、检讨、翰林院侍讲学士、国子监祭酒、河南学政、内阁学士兼礼部侍郎等。

道眉芥菜"、永定门外刘记的"苤蓝"。秋黄瓜要顶花带刺,身直腰细,每500克4至8条。苤蓝要皮薄肉脆,每个500克以上。春蒜要紫皮大六瓣,每头蒜的直径须5厘米左右。起蒜后蒜头要带泥土,连夜送到酱园,从地里出蒜到开始加工不能超过一天一夜。加工中对剥蒜、泡蒜、腌蒜、加盐、加糖、配料、装坛,以及每天每坛的滚动次数和放气时间,都有严格的规定。这样制出的蒜色洁白、带光泽、脆嫩而甜香爽口。[①]

天源酱菜是典型的京城酱菜,酱菜做工精细。以"桂花糖熟芥"为例,将个头儿均匀、皮薄肉嫩的腌芥头去皮,入清水撤咸,每天换水一次;3天后入锅,加入白糖和少量酱油,以老汤焖煮,开锅后改用微火,3小时出锅;出锅后加入桂花,在原汤内浸泡两昼夜即成。成品呈红褐色而有光泽,有桂花香味,甜咸适宜,表皮有核桃纹,质软而不碎,"甜、鲜、脆、嫩",甜咸适度,味道鲜美。[②]

1956年,天源酱园公私合营后,国家优先供应原料,扩建厂房,更新设备,整修门面,并请赵朴初、周建人、董寿平等知名人士为酱园重写了牌匾,天源酱园旧貌换新颜。1958年,市政府决定进一步恢复、发展特味食品的生产,拨专款30万元,在南苑团河路征地36亩,为天源酱园建设了2000平方米的厂房,添置

[①] 韩洋著《天源的酱园今昔》,载北京市西城区政协文史资料委员会编《西城名店》,1995年12月内部发行,第66~67页。
[②] 牛培顺著《天源:"漫"话前世今生》,载《时代经贸》2010年第10期。

了3000多口酱菜大缸。三年困难时期，由于原料短缺，天源酱园与西城酱菜厂合并，改为生产大路品种。"文化大革命"时期，天源改名"立新酱菜厂"。1972年，日本首相田中角荣访华前，西城区革委会财贸组发文恢复天源酱园独

赵朴初等知名人士为酱园重新题写了牌匾，百年老店焕发出勃勃生机

立经营的资格，不再归属西城酱菜厂，启用新的店名"田园酱园"。1978年党的十一届三中全会前，恢复"天源酱园"的称谓。2000年12月15日，天源酱园由二级法人企业变成了非法人企业，名称变更为北京六必居食品有限公司天源酱园，办公地址设在今西城区手帕口西街广外广轩4号楼，下设西绒线胡同20号楼西单门市部、丰台区团河路18号南苑门市部、东城区鲜鱼口80号前门门市部，在各大超市设有销售专柜。

天源酱菜深受北京人喜爱，也颇得外宾青睐。周总理曾派人到"天源"购买过甜酱姜芽、辣椒糊等，对"天源"酱菜给予赞誉。中南海宴会厅的餐桌上曾多次摆放"天源"酱菜。天源酱园与长安大戏院仅一墙之隔，京剧艺术家梅兰芳、马连良、袁世海都是"天源"的老主顾。袁世海1982年提笔写道：

"多年来，品尝久负盛名的天源酱菜，色鲜味美，咸中带甜，

不仅清淡爽口，而且余香久存，实为佐餐佳品。"①

有些顾客常专程到"天源"购买酱菜，不少华侨、外宾爱到"天源"购置酱菜带走，用以馈赠亲友。

天源酱园是北京唯一承担国家特供任务的酱菜企业，除了传统的酱菜八宝菜、甜酱黑菜、甜酱包瓜、虾油黄瓜等高级酱菜，也有大众化的五香芥皮、糖辣干、虾油小菜等风味小菜。

天源酱园标识

近年先后推出适合现代人口味的西餐泡菜、蜜汁杏仁、多味榨菜、油辣红萝、油辣乳瓜等30多种低盐、淡色、多风味新型酱菜。从1990年开始，天源酱园成为一年一度的全国人大、政协"两会"的特供单位。北京第十一届亚运会、第二十一届世界大学生夏季运动会、北京第四次世界妇女大会、50年大庆、60年大庆、北京奥运会等重大活动的酱菜，都是由天源特供的。

天源酱园，小小酱菜做出了厚重的历史"大文章"。

---

① 韩洋著《天源的酱园今昔》，载北京市西城区政协文史资料委员会编《西城名店》，1995年12月内部发行，第66~67页。

天福号酱肘子

乾隆三年（1738年），山东掖县人刘凤翔带着孙子刘抵明来到天子脚下的北京谋生，在西单牌楼拐角处开了一家酱肉铺。没承想，店堂小再加上无名无号，生意一直不景气。

山东有句顺口溜——"黄县的套子、掖县的鬼子"，意思是卖蒜的黄县人算计不过买蒜的掖县人，说明山东掖县人很精明。刘凤翔这个掖县人没有辱没这个"光荣"。和他合伙的山西客商见无利可图，撤股颠了，刘凤翔独自经营。乾隆五年（1740年）的一天，刘凤翔到市场进货，看见旧货摊上有一块旧匾，上书"天福号"3个大字。他懂得点儿书法，知道这3个字是颜体楷书，笔锋遒劲、入木三分。他一想："天福"二字不就是"上天赐福"吗！自家小店没有匾额，这真是"上天"赐给的"福匾"。他当即买下牌匾，回家后装饰一番，挂在小店门楣之上，果然不同一般。文人墨客一见天福号匾额，免不了驻足品评书法，精明的刘凤翔瞅准机会，介绍自家的酱肉，招揽客人。光顾天福号的文人开始多了，小店一天比一天兴盛。

据说天福号酱肘子的出名有点儿偶然。天福号的酱肘子是夜间煮白天卖。一天夜里，少掌柜煮肘子看锅时，不知不觉睡着了。等他醒来一看，"大事不好"，肘子已经塌烂在锅里。这可如何是好？少掌柜无奈只好把那些烂如泥的肘子小心翼翼地铲出锅，再万分小心地酱上颜色，码放晾晒，等到天明后出售。终于熬到开门的时候了，一位刑部衙门的小老爷买了一只肘子，包走了。忐忑不安的少掌柜还不知后边等着他的是什么结果。快晌午时，衙门又打发人来买。傍晚时分，衙门第三次来人传话，恭喜老板说：老爷觉得今天的肘子又酥又嫩、不腻口、不塞牙、味道香，以后每天送一个肘子入府。

少掌柜贪睡不仅没误事，还立了功。老板大喜，以后就按过火的时间煮肘子，并在加工上精益求精。天福号酱肘子瘦而不柴，肥而不腻，皮不回性，浓香醇厚，凉透的肘子皮仍然绵软如初。再用海淀六郎庄荷叶一包，荷叶清香伴着肘子浓香，沁人心脾，成为北京四九城的名牌佳肴。《道咸以来朝野杂记》记载：

"西单有酱肘铺名天福斋（即天福号）者，至精。其肉既烂而味醇，其他肉食类毕备，与其他诸肆不同，历年盖百余年矣。"

清代三朝重臣、两代帝师翁同龢对天福号酱肘子赞赏有加，并为之题写牌匾；同治十三年（1874年）的状元陆润庠甚好天福号酱肘子，并赠书"四远驰名"。

光绪十七年（1891年），慈禧太后品尝了天福号酱肘子后，赐天福号一块进宫的腰牌，送肘子时可直入深宫。老佛爷60大寿的时候，筵席上各种菜肴丰盛齐备，只因缺了天福号酱肘子，御膳房专门派人快马来取。天福号酱肘子也备受后妃们喜爱。瑾妃平素以素食为膳，但禁不住酱肘子"色、香、味"的诱惑，命御膳房厨师随时为她准备好一盘酱肘子，随时可以上桌。辛亥革命后，深居紫禁城里的逊位皇帝溥仪受庄士敦等西洋师傅的影响，一时喜欢穿西装、吃西餐，俄式的、法式的、意大利式的，西餐不重样，但天福号酱肘子却是溥仪西餐桌上必备的一道菜。

老北京人讲究立春吃烙饼卷肉，最受大家青睐的就是烙饼卷天福号酱肘子肉。用刚出锅的热烙饼，卷住几片肥瘦相间的肘子肉，再加点儿白菜心，停一会儿等烙饼的热气焐化肘子肉的肥膘，咬一口回味无穷。

喜欢吃天福号酱肘子的人数不胜数，关键是天福号讲诚信、重品味。天福号做酱肘子只认京东八县的黑毛猪，生长期9~12个月，天然饲养，毛重120斤左右，肉瓷实，皮薄肉嫩，匀溜个儿。辅料如花椒、大料、桂皮、生姜等新鲜整齐、产地固定。制作工艺上绝不偷工，买来的肘子要经过水泡、去毛、剔骨、焯胚、码锅、酱制、出锅、掸汁等数道工序，仅酱制一个环节就要经历旺火煮、温火炖、微火焖3个阶段，历时6个多小时。每道工序的火候不能有半点儿差池。焖烂的肘子出锅时，要用一把特制的铲子和钩子，一个个铲出。稍不小心，就会碰碎。这也是天福号的一手绝活儿。

1947年，天福号生产车间迁到西单头条24号，

1955年的天福号

惨淡经营；1953年，门市迁至西单头条24号，生产车间迁至西单头条22号，拥有员工11人，每天生产150斤左右的各种熟肉制品；"文化大革命"期间，仅能保持最基本生产，牌匾及其他历代珍贵文物被破坏殆尽；1978年，恢复正常生产；1994年，在西单复兴路22号建立了一个拥有150平方米的门市，员工23人，日生产500斤酱肉制品；1995年，北京市天福号食品厂成立，在西单安福胡同、西直门内马相西巷6号拥有两个加工车间；1996年，按照"天福号"的特定标准，将四川内江、广元地区和北京顺义区选定为原料供应地；1999年，在顺义空港工业区购地19亩，兴建了一座现代化的综合型肉类加工厂，产品品种增至70余种；2000年，成立北京天福号食品有限公司；2006年，天福号的生产规模已经无法适应每年上亿元的销售，公司对现有生产车间进行改扩建，投入巨资购置了大量先进生产设备，拥有日产20吨的生产能力，年销售额突破2.5亿元人民币。

　　天福号目前在北京拥有多家直营店：西直门内大街213号老

因建服装大楼，天福号拆迁停业，1979年7月1日在复兴门内大街12号重新开业

店、西直门内大街132号新店、前门大街19号前门店、丰台区大成路25号大成路店、西城区榆树馆15号榆树馆店、西城区裕中东里2号楼裕中店、新街口南大街154号护国寺店、东城区朝内南小街18号朝内南小街店、二龙路甲41号二龙路店、海淀区苏州街49号7号楼苏州街店等10家，并在许多超市设有销售专柜。

改革开放后，"天福号"屡获殊荣。

1982年，天福号酱肘子和酱肉先后被评为北京市优质食品；1993年，被评为"中华老字号"；1998年、2001年、2005年，被北京市工商行政管理局评为"北京市著名商标"；2002年、2004年、2006年，"天福号"生产的中西式熟肉制品连续3届被北京市质量技术监督局和北京市经济委员会评为"北京名牌产品"，成为北京市熟食行业中唯一获此殊荣的企业；2003年、2004年、2005年，连续3年被北京市工商局评为"守信企业"；2004年，被中国食品工业协会评为"中国食品工业质量效益先进企业"；2008年，"天福号"酱肘子制作技艺纳入国家级非物质文化遗产保护名录。

天福号酱肘子的手艺从第一代刘姓人手中传下，"几易其手"。

天福号标识

第七代传人叫王守祥,如今天福号食品有限公司总工程师冯君堂是第八代传人。天福号传承人的姓氏在变,但"魂"不会变,那就是"诚信为本、品质是天"。①

"开国第一宴"与玉华台饭庄

历史传闻说,"玉华台"是隋炀帝杨广扬州行宫内十二重台阁之一,是他与嫔妃欢宴作乐的楼台,以后淮扬风味的饭庄便取"玉华台"为字号,以示买卖兴隆。民国十年(1921年),由淮阳人马玉林(即马召华,原系私人家厨)经营的淮扬风味的玉华台饭庄在王府井大街北口八面槽开业,饭庄的牌匾是马玉林的东家杨菱青题写的。饭庄开业后生意兴隆,顾客盈门,"营业殊不恶,年计最盛时可达十万金"。

买卖好人气旺,饭庄挪窝儿扩大了营业面积。八面槽开业后,又在锡拉胡同1号租了所带跨院儿的四合院大宅子,首席白案是清末著名美食家杨士骧的家厨。饭庄办包桌、订酒席、承出"外会"(也就是派人到顾客家中承办筵席),但不卖散座。1950年,饭庄迁到了西交民巷,改称"玉华食堂"。1959年迁至西单地区,既办酒席也接待散座客人。由于只有5间小雅座、一个散座厅,

---

① 李佳著《北京"非遗"传承故事之十二——饮食系列之"天福号"》,载《青年周末》2010年11月25日。

难以满足顾客就餐需要，1964年又迁至西单北大街217号，并恢复了"玉华台饭庄"的老字号。"文化大革命"期间，认为老字号属于"四旧"，饭庄改称"淮扬饭庄"，营业面积400平方米，可容纳60人就餐。

玉华台饭庄的淮扬菜选料精细、突出主料、讲究汤口、味美清鲜、浓而不腻、淡而不薄，烹饪技法以炖、焖、烧、爊炒、炮为擅长，镇店名菜有炝虎尾、干烧黄鱼、蟹黄狮子头、响油鳝糊等。

"全鳝席"是玉华台饭庄的看家"三宝"之一。中国食用鳝鱼历史悠久，清代徐珂《清稗类钞》对两淮鳝鱼席记载道：

"同、光间，淮安多名庖，治鳝尤有名，胜于扬州之厨人，且能以全席之肴，皆以鳝为之，多者可致几十品。盘也、碟也，所盛皆鳝也。而味各不同，谓之'全鳝席'。"

早年间，玉华台饭庄最叫座儿的是"全鳝席"，可烹制上百种菜肴，号称"长鱼席"。经典菜品有：鳝鱼片、鳝鱼丝、炝虎尾、烧鳝段、马鞍鳝、炸脆鳝、炒鳝糊等。玉华台的"全鳝席"可以做成"八大碗""八小碗""十六个碟子""四道点心"，其中五凉、八热、一汤的"全鳝席"尤为著名。凉菜有炝虎尾、炮斑子、五香清鳝、玻璃清鳝、芙蓉清鳝。头道凉菜炝虎尾，热菜凉吃，清淡爽口，软嫩鲜美。炮斑子是用去掉苦胆后的熟鳝鱼血肠，浇上酱油、醋、香油配合的三合油凉拌，既脆又嫩，味道独特。热菜有山石脆鳝、荔枝鳝鱼、清炒鳝丝、烧马鞍鳝、煨脐门、软兜带粉等，口味各异，驰名京华。曲艺史家、民俗学家金受申老先生赞誉"玉华台的鳝味菜在众馆之上"。

位于西单北大街217号的玉华台饭庄

1990年，饭庄的张福祉老先生再次创新"全鳝席"，菜品有乌龙卧雪、龙凤鳝丝、荔枝青鳝、蟹盒青鳝、辣子青鳝、麒麟青鳝、笔杆鳝鱼、葱辣鳝丝等33道鳝鱼菜，这席菜荣获了当年北京市科学技术进步鼓励奖。

"淮扬汤包"是玉华台饭庄的看家"三宝"之二。饭庄不仅菜点独具特色，面点也别有风味，淮扬汤包、萝卜丝饼、小笼三样（糯米烧卖、菜泥烧卖、蒸饺）、核桃酪、扬州锅面等深受顾客欢迎。尤其是"淮扬汤包"，用筷子夹起来就像个小口袋，而放到碟子里只见两层皮，那叫一个绝。[1]

---

[1] 王颖著《善制鳝菜的玉华台饭庄》，载北京市西城区政协文史资料委员会编《西城名店》，1995年12月内部发行，第21~22页。

据玉华台老"柜头"凌恩岳老先生回忆，玉华台是京城名流用餐的专地儿。光是他听说和亲历的就不少：张学良将军、傅作义将军，北京梨园行的梅兰芳、谭富英、周信芳、裘盛戎、叶盛兰，文化界的金受申、陈半丁、田汉、周扬、老舍、郑振铎，画界的齐白石、张大千、董寿平，"四大名医"之一的施今墨，等等，都是饭庄的常客，还留下了不少墨宝。

厨师刘洪生来饭庄之前曾经在京剧大师梅兰芳家做过一年的家厨。1952年，年近六旬的梅兰芳和夫人福芝芳率全家到饭庄来就餐，服务员把他们让进了12号小雅间。梅先生坐下刚喝了两口茶就问道：刘师傅好吗？服务员赶紧到后厨把刘洪生找来，考虑到是工作时间，梅先生没有和刘师傅多聊，只是寒暄了几句。夫人福芝芳点了几道鳝鱼菜，这顿饭只花了12元。结账的时候，福芝芳拿出30元钱，其中20元当饭钱不用找零、10元钱交给刘师傅，还特别叮嘱服务员：我们走了以后再给刘师傅。第二次梅先生全家来就餐时，刘师傅特意敬了一个菜——1.28元的"炒三泥"。没承想，梅先生结账时又留给了他10元钱。

国画大师齐白石老人与玉华台关系也挺密切，每月得来一两次，每来必吃炒鳝糊、水晶虾饼、砂锅鼋鱼、核桃酪和汤包。一次饭后，白石老人主动送给饭庄一幅行书题字："玉堂春色好，华宴满台香"，将"玉华台"3个字镶入"对儿"里。93岁时，他还给玉华台写了篆体匾。除了白石老人的字，玉华台还有张大千的山水、马晋的翠竹洋狗、慕凌飞的山水、颜伯龙的山鸡菊花等。著名书法家沈左尧题写藏头诗《玉华台妙》："玉液晶邑琥珀色，

玉华台饭庄内悬
挂的溥杰先生题
写的藏头诗《玉
华台妙》

华台锦簇盛筵张。台高扬子望南北，妙手烹调十里香。"现如今饭庄大厅东墙上悬挂的《玉华台妙》字匾，是清朝末代皇帝溥仪之胞弟溥杰先生题写的。

玉华台饭庄的看家"三宝"之三是"开国第一宴"。1949年10月1日晚，中华人民共和国中央人民政府在北京饭店举行中华人民共和国第一次盛大的国宴。当时北京饭店只有西餐，以法式大餐最为有名。

为了办好"开国第一宴"，政务院典礼局局长余心清[1]亲自出马，操持此事。余心清对北京饮食业了如指掌，和北京饭店经理

---

[1] 余心清（1898—1966年）：安徽合肥人。1927年毕业于美国哥伦比亚大学行政系，曾任冯玉祥部开封训政学院院长、国民革命军第三集团军训政处处长、第十一战区政治设计委员会副主任委员。1944年参加中国民主革命同盟。1947年9月被国民党当局逮捕，1949年获释，出席中国人民政治协商会议第一届全体会议。中华人民共和国成立后曾任中央人民政府办公厅副主任、政务院典礼局局长及机关事务管理局局长、国家民委副主任、全国人大常委会副秘书长、北京市政协第一至第四届副主席等，著有《在蒋牢中》一书。

举办"开国第一宴"的北京饭店

王韧商量后认为,淮扬菜系口味比较适中,北方人、南方人都可以接受,决定引淮扬菜进店。"宴会总管"由北京饭店郑连富担任。他长期任宴会总管一职,业务精通,是餐饮业"国宝"级人物。他精心设计了餐厅美化、主宾通道、餐桌摆放、上菜路线、上菜顺序等。总厨师长由玉华台饭庄的朱殿荣担任。他出身鼎镬世家,14岁起师从名厨,练就了做大菜、办筵席的过硬本领,精通淮扬菜的各种技法。由他率玉华台饭庄8位淮扬菜厨师专司国庆宴席制作。宴会地点设在1917年建造的7层楼高的北京饭店法式洋楼(现称中楼),将一层的西餐厅、舞池、前厅大堂大门打开,3处自然相连成为一体当宴会厅,10人一桌,60余桌。最后,周恩来总理审定了"开国第一宴"的宴会方案。

玉华台饭庄来的9位厨师各个身揣淮扬菜绝技。宴会举办前几天,朱殿荣特地让北京饭店的瓦工新盘了几座新灶,装上几口大铁锅。10月1日晚上,朱殿荣一面指挥其他几位厨师,一面自个儿亲自上灶。就见他站在灶台前,手使一把特制的木柄大铁铲,在大铁锅里上下左右翻飞,主料、配料、调料下得准,火候掌握得好。别瞧是大锅炒，可与单独小炒没什么两样，色、香、味、形俱全。代表们吃后都赞不绝口。孙九富虽然走路一瘸一拐，可"勤行"（指厨师行业）都叫他"孙快手"，那天光他一个人就做了整整供 600 多名政协代表们吃的"淮扬汤包"。

据《饮食服务志》记载，"开国第一宴"菜品有："先上美味四小碟，再上点心类，计有炸年糕、艾窝窝、黄桥烧饼、淮扬汤包。主菜 15 个：扬州蟹黄狮子头、全家福、东坡肉方、鸡汁煮干丝、口蘑镶焖鸡、清炒翡翠虾仁、鲍鱼浓汁四宝、香麻蜇头、虾子冬笋、炝黄瓜条、芥末鸭掌、酥鲫鱼、罗汉肚儿、镇江肴肉、桂花盐水鸭。最后上：菠萝八宝饭、水果拼盘。"[①]"开国第一宴"的用酒是绍兴黄酒、山西汾酒、竹叶青酒。[②]

据当年担任北京饭店军代表、招待部协理（开国大典期间临时担任外宾招待科科长）的刘之骥介绍：他当时负责酒类的保管，绍兴黄酒从故宫找来的，是百年花雕。"开国第一宴"保卫工作十分严格，他、保卫科科长张仲实以及几位保卫科的同志，负责毛主席、周总理一桌，凡是上的菜，都以尝尝口味的借口先尝一点儿，看看是否有毒。毛主席、周总理喝的酒是用咖啡勾兑的，苏联大使罗申知道这个秘密，还对周总理开玩笑说，咱们换一杯喝吧。[③]

[①] 北京市地方志编纂委员会编著《北京志·商业卷·饮食服务志》，北京出版社2008年7月第1版，第154页。
[②] 另有一说，茅台酒为"开国第一宴"国宴用酒。
[③] 2012年11月21日，笔者根据对刘之骥的电话采访整理。

曾经做过北京饭店会计的彭晓东撰文说,北京饭店当年参加"开国第一宴"制作的员工有 181 名。朱殿荣的二弟朱殿华当年是北京饭店的理发员,也参与了"开国第一宴"的服务,他负责端菜,后来足球界大名鼎鼎的史万春负责给代表们斟酒、布菜。据"北京饭店职工 1949 年 10 月上半月薪饷领收证明册"记载:经手制作"开国第一宴"的淮扬菜 9 位厨师是:朱殿荣(领小米 175 斤)、王杜堃(领小米 175 斤)、李福连(领小米 165 斤)、杨启荣(领小米 165 斤)、孙九富(领小米 165 斤)、王斌(领小米 150 斤)、李世忠(领小米 150 斤)、杨启富(领小米 140 斤)、景德旺(领小米 140 斤)。证明册最后一页标明"以上小米价格按每斤人民币壹佰玖拾伍元计算"(旧版人民币)。[1]

在宴会上,周恩来总理发表了热情洋溢的讲话。朱德总司令从服务员的手中接过酒杯,向飞行员们祝酒,高兴地说:同志们,今天是历史性的一页。从今天开始,我是陆、海、空三军的总司令了!

1997 年,因西单地区改造,玉华台饭庄迁至马甸裕中西里 23 号楼。2007 年,玉华台饭庄被国家商务部重新认定为"中华老字号"。

现在在饭店后厨掌勺儿的,正是张福祉老先生的关门弟子申建国。为了满足新老主顾品尝"开国第一宴"的愿望,玉华台重新整理、开发了"开国第一宴"菜品——四小碟:扬州小乳瓜、

---

[1] 彭晓东:《"开国第一宴"的几个细节》,载2013年9月25日人民政协网。

位于马甸裕中西里的玉华台饭庄

琥珀桃仁、白糖生姜、蜜腌金橘；凉菜：炝黄瓜条、香麻蚕头、虾子冬笋、芥末鸭掌、罗汉肚儿、酥鲫鱼、镇江肴肉和桂花盐水鸭；热菜：清炒翡翠虾仁、鲍鱼浓汁四宝、东坡肉方、蟹黄狮子头、全家福、口蘑镂焖鸡；一汤菜：鸡汁煮干丝；四道点心：炸年糕、黄桥烧饼、艾窝窝、淮扬汤包；主食：菠萝八宝饭；另外加一个水果拼盘。[1]

藏身在马甸居民楼小巷中的玉华台饭庄，周围环境少了点儿典雅的传承，地方显得有点儿局促，营业面积也不大。

---

[1] 北京市地方志编纂委员会编著《北京志·商业卷·饮食服务志》，北京出版社2008年7月第1版，第63~64页。

曲园酒楼

曲园酒楼是家著名湖南风味湘菜馆,清光绪年间开业于长沙一家公馆的花园里。花园内亭台掩映,花木疏朗,文人墨客、雅士贤达光顾曲园,或吟诗作对或即席挥毫。一位贤达以"曲园"为题,写了3副嵌字联。一副为四言:"古城之曲,因地为园。"二副为五言:"一丘藏曲折,半亩壮园亭。"三副为七言:"几曲栏干文结构,一园花木画精神。"3副对联一经张挂,曲园知名度迅速飙升。

20世纪二三十年代,曲园酒楼发展到第一个高峰,4层楼结构的餐厅可以同时开席160桌,还专门辟有供文人墨客诗酒联欢的单间、雅座,客源多是豪商富贾、湘地幕僚及长沙知名人士,曲园湘菜全国"独尊"。1938年,日军进攻长沙,曲园酒楼毁于战火,厨师四散异乡。1945年抗战胜利后,由长沙原曲园酒楼的一部分人

1961年的曲园酒楼

1983年，曲园酒楼改建成古典式二层建筑

在南京太平路开设了湖南曲园酒楼分店，一度生意特别兴隆。李宗仁当代总统时，常在曲园酒楼宴请宾客。1949年南京解放后，曲园酒楼歇业。一个叫周福生的人发起到北平开湖南饭馆，他们在南京曲园酒楼二楼合伙写了契约之后，来到北平开办曲园酒楼。1949年10月中华人民共和国成立后，曲园酒楼迁到北京西单商场二楼，后迁入西单北大街133号。

湘菜由湘江流域的长河、衡阳、湘潭三地的菜肴组成，以长沙地区的菜为代表。曲园酒楼菜肴油重、色明、香鲜、麻辣、软嫩，其中辣咸稍酸，掌握适当；擅长煨、炖、蒸、炒、红烧及烹调腊味制品；滑芡均匀，汁浓味厚，清香爽口，食之无油腻之感。[1]

曲园酒楼将烹饪技巧同艺术完美结合，名菜众多。"雪里藏珠"端上餐桌时，是一盘晶莹洁白的"雪"，把这"雪"拨开，里面是散发着冰糖香味的龙眼肉、枸杞子。"子龙脱袍"以鳝鱼做主料，厨师操作时，抓出一条鲜活的鳝鱼，顺势往案头一摔，将鳝鱼头用锥子钉在案上，由头到尾开膛去刺，然后由尾部将肉和皮分开，

---

[1] 北京市地方志编纂委员会编著《北京志·商业卷·饮食服务志》，北京出版社2008年7月第1版，第63页。

只听"刺"的一声,皮是皮肉是肉,故名"子龙脱袍"。然后将鳝鱼肉切成细丝,蛋清挂糊,配以多种调料,过油烹调,炒后鲜嫩脆香,是鳝鱼菜之佳品。"霸王别姬"以鼋鱼、鸡为主料,借鱼、鸡谐音取名。先将鼋鱼、鸡煮至半熟,配以香菇、火腿和调料,上屉蒸透,蒸后挂汁勾芡,香味浓郁,软烂鲜美,营养丰富。[①]

曲园酒楼湘菜独具特色,源于具有雄厚的技术实力。早年有萧荣华、袁善成、丁云峰、史玉和、石荫祥、邹桂生、杨西池、杨根生等湘菜名师,进京后又有凌振杰、周福生、刘汉松等名师坐镇。

曲园酒楼进京后,以其地道的湘菜赢得食客青睐,社会各界名流常在此办宴,齐白石、梅兰芳、阳翰笙、周扬、吴晗等文人名士、梨园书香都曾光顾曲园。"曲园饭馆"字匾即出自齐白石老人之手,他还特意为曲园画了一幅1米宽、80厘米长的《大白菜王》的名画。曲园酒楼曾特聘侯宝林、溥杰、黄苗子、胡爽庵、娄师白、陈大章等著名文学家、艺术家兼美食家为顾问。在这些名家大腕儿、美食家的关心下,曲园酒楼在众湘菜馆中独树一帜。黄苗子、董寿平、娄师白、郭沫若等欣然为曲园酒楼留下墨宝。曲园酒楼至今仍保留着这个文化特色,雅座餐厅厅名全部由黄苗子、肖劳、启功、吴祖光等名人撰写,雅座餐厅内悬挂着许多文人墨客为曲

[①] 刘文著《高雅古朴曲园酒楼》,载北京市西城区政协文史资料委员会编《西城名店》,1995年12月内部发行,第34~35页。

园酒楼留下的真迹，如张国基①老人95岁高龄时写下的"曲径通幽处，园中多贵宾"。著名书法家黄正襄写下"谁将狗肉作佳肴，壮士入秦胆气豪。独有曲园能醉客，敢将此味入庖刀"。

1955年9月27日17时，中华人民共和国主席授衔授勋典礼在中南海怀仁堂隆重举行，全国人大常委会副委员长兼秘书长彭真宣读中华人民共和国主席授衔授勋的命令，毛主席亲自将元帅军衔的命令状和勋章授予十大元帅。

毛主席是湖南人，十大元帅中朱德、陈毅、聂荣臻、刘伯承是四川人，彭德怀、贺龙、罗荣桓是湖南人，林彪是湖北人，徐向前是山西人，叶剑英是广东人，从元帅们的籍贯就可以看出，他们多数喜食辣味，毛主席在曲园酒楼宴请授衔的将帅们是最合适不过的了。那天，曲园做了15桌地道的湖南菜，元帅、将军们吃得赞不绝口，毛主席也说是"地道的家乡菜"。

在曲园酒楼宴请元帅、将军非常合适。曲园酒楼代表菜里面有两道"武"菜。一道是"子龙脱袍"，以鳝鱼寓三国名将赵云赵子龙；还有一道"东安子鸡"，将嫩鸡切块、加调料煮后骨软肉嫩，再经烹制，鲜辣麻酸，香味四溢。东安子鸡早年叫"醋鸡"，兴于唐玄宗开元年间，是湖南东安县人逢年过节的宴请大菜。据说北伐时期，祖籍湖南东安县的北伐名将、国民革命军第八军军长

---

①张国基（1894—1992年）：华侨教育家。字颐生，湖南益阳人。1919年加入毛泽东等创立的新民学会。1920年，远渡重洋，前往新加坡道南学校教书，开始海外教学生涯。1958年回国定居，仍致力于华侨教育事业，曾任全国侨联主席。

唐生智在曲园酒楼宴请宾朋，来宾问"醋鸡"这道菜叫什么名字，他觉得"醋鸡"名字不雅，便随口称"东安鸡"。从此，"醋鸡"就变成了"东安子鸡"。①1983年，曲园酒楼进行了一次较大规模的修建，古典式二层建筑雕梁画栋，古朴高雅，大餐厅营业面积达2700平方米，设有"桃

位于展览馆路48号的曲园酒楼

花源""橘子洲""洞庭""竹乡""傲梅""芙蓉""福寿"等7个雅座，宽敞幽静，环境舒适。为适应现如今人们美食的习惯，曲园成立了创新菜研制小组，先后挖掘烹制出"太极龙凤丝""怀胎鼋鱼""凤筋龙爪""案上红梅"等一批新款菜肴，使曲园酒楼更放异彩。

曲园酒楼搬过多少回家？也许连曲园酒楼的员工都说不大清楚。1997年告别西单北大街后，曲园酒楼先后落脚丰台公园、车公庄路口、阜外大街，最后迁址展览馆路48号。

---

①王俊玲著《曲园酒楼的文与武》，载《北京晚报》2005年10月24日。

鸿宾楼

清咸丰三年（1853年），鸿宾楼饭庄在天津旭街（今和平路）开业，但真正驰名是从光绪二十五年（1899年）开始的。天津名厨钱树元、钱志臣等人合资，在天津日租界内一栋小洋楼开设鸿宾楼饭庄，营业面积450平方米，设13个雅间、12个新明座。1949年后三易铺东，1955年应周恩来总理之邀，堂头王守谦带着三件"镇店之宝"——金匾、慈禧用过的象牙筷子、黄唇鱼肚，从天津迁到了北京和平门外李铁拐斜街（今前门外铁树斜街）50号。

鸿宾楼饭庄牌匾最早出自清咸丰年间著名书法家于泽久之手，后来用625克黄金铸造了块"鸿宾楼"金匾，这是京城老字号中唯一一块金匾，但没有上下款，十分"罕见"。1998年秋，鸿宾楼迁址时，将这块金匾送荣宝斋见新。打开这块百年老匾，从底板中发现一幅宣统年间不知何人所画、何人珍藏其中的工笔画——牡丹美人图，金匾藏"娇"，令人费解。

黄唇鱼[①]鱼肚是用黄唇鱼鱼鳔干制成。1934年鸿宾楼饭庄老

---

①黄唇鱼：闽粤人称"金钱鮸、金钱猛鱼"，温州人称"黄甘"，属硬骨鱼纲鲈形同石首鱼科，体长、侧扁，尾柄细长，近海暖温性稀有底层鱼类，分布于东海和南海北部。黄唇鱼是中国的特有鱼种，被视为上等补品，尤其是鱼鳔（俗称"鱼胶"）甚为珍贵，素有"贵如黄金"之说。

当家购得这块鱼肚，重 920 克、周长 115 厘米，是当今世上罕见之珍品。1983 年英国首相希思访华举行宴会，将左边一根小辫发制而成制作了一道双色鱼肚，赢得满堂喝彩。

1963年，鸿宾楼饭庄迁至西长安街

1963 年，鸿宾楼迁至西长安街 82 号重张时，郭沫若题匾并题藏头诗《鸿宾楼好》："鸿雁来时送风暖，宾朋满座劝加餐。楼头赤帜红于火，好汉从来不畏难。"现在鸿宾楼注册的商标，用的就是郭老题写的"鸿宾楼"3 个字。1983 年，末代皇帝溥仪的胞弟溥杰在鸿宾楼宴请客人，其中一道红扒羊蹄赢得"赛熊掌"的称赞。几天后，溥杰先生送来 6 尺墨宝：

"天安西畔鸿宾楼，每辄停骖快引瓯。牛尾羊筋清真馔，海异山珍不世馐。既餍名庖挥妙腕，更瞻故业焕新猷。肆筵设席鲜虚夕，四座重泽醉五洲。辉煌四化征途上，阔步长驱赖裹糇。"

而后，溥杰先生亲自请启功先生为鸿宾楼题匾。转年，溥杰先生又特意写了"芙蓉"堂号赠送鸿宾楼。

鸿宾楼选料极为严格，制作十分精细，擅长扒、炸、烧、焖、烩、熘、炖、爆等烹调技艺，以烹制牛、羊大菜见长，尤以"全羊筵"驰名中外。"全羊筵"就是用羊身上各个部位精制出 120 多种不

改建后的鸿宾楼饭庄

同口味、不同风格的菜肴。久负盛名的传统菜肴有盐爆散丹、红烧牛尾、松鱼腐、烧蹄筋、砂锅羊头、迎风扇、双凤翠、龙门角。砂锅羊头独一无二：将白汤煮熟的白羊头撕成碎条块，放入开水中焯透，捞出控净水分，放入砂锅中，加入鸡汤、鸭油、葱、姜末、味精、料酒、精盐，旺火烧开后，改用微火煨至肉烂扑香，再加上新鲜奶油，用淀粉勾成米汤汁状的芡，加上蒜汁即成。这道菜呈乳白色，味道浓厚，鲜香不腻。涮羊肉、清真烤鸭、清真锅贴儿等也颇受顾客青睐。鸿宾楼饭庄烹制河鲜海味在北京清真饭庄中独占鳌头，烹制的河鲜海味菜肴酥、脆、嫩、软，味道清香。传统名菜有：鸡茸鱼翅、白崩鱼丁、八珍燕盏、金钱虾托等。[1]

鸿宾楼饭庄被誉为"京城清真餐饮第一楼"，多次接待国内外贵宾。刘少奇、周恩来、朱德、陈毅、贺龙、彭德怀、李先念、万里、韩念龙、田纪云、班禅大师、荣毅仁、王光英等国家领导人及英国首相希思、伊朗最高领袖哈梅内伊、印度尼西亚总统瓦希德、马来西亚总理马哈蒂尔、摩洛哥、巴基斯坦、坦桑尼亚、

---

[1] 北京市地方志编纂委员会编著《北京志·商业卷·饮食服务志》，北京出版社2008年7月第1版，第94页。

突尼斯、比利时、意大利、挪威、哈萨克斯坦、科威特、约旦、伊拉克等国大使以及议长级重要贵宾。

鸿宾楼饭庄技术力量雄厚。如特二级厨师马永海曾出使日本参加亚太地区烹饪表演，技压群芳，被誉为"中国烹饪大使"。他还曾出任1990年北京亚运会清真餐厅厨师长，被当时的国际奥委会主席萨马兰奇赞誉为"世界一流的水准"。第十一届亚运会、远南残疾人运动会、第四次世界妇女代表大会等大型重要活动中，鸿宾楼饭庄均派出厨师参与了清真餐厅的接待工作，并圆满地完成了任务。鸿宾楼厨师还多次应邀赴日本、印度尼西亚、马来西亚等国表演献艺，享誉海内外。

1998年，鸿宾楼迁至西城区展览馆路11号，并改制成立了北京鸿宾楼餐饮有限责任公司。全楼分三层，一层两个雅间：星

位于西城区展览馆路11号的鸿宾楼

辰、望月；二层6个雅间：红叶、古柏、翠竹、幽兰、丹桂、芙蓉；三层8个雅间：百合、银杏、棠棣、石榴、杜鹃、云杉、山茶、冬梅。每层各有一个散座大厅，可容纳660人同时用餐。[①]

2003年，北京鸿宾楼餐饮有限责任公司被国内贸易部授予国家级特级酒店称号，并先后获得执行民族政策奖、首都精神文明奖、北京清真大赛团体金奖。

"聚会天下鸿宾满楼，誉载京华脍炙人口"——这就是鸿宾楼。

桂香村

有清一代，糕点行称"糖饼行"，北京糕点行分北案、南案。道光二十八年（1848年）六月初九日立的《马神庙糖饼行行规碑》刻记：

"十六年重修大殿一座，京南两案，合行共捐资钱二千三百二十一吊。"

"京案"即"北案"，就是以北京为主的北方糖饼行，"南案"就是江南迁至北京的糖饼行。同治元年（1862年）六月立的《糖饼行万古流芳碑》刻记："如我江南糖饼行，在京贸易已久，所有铺户杠案人等，向于康熙年间，即在沙窝门内道左之马神庙，

[①] 王志辉著《百年清真饭庄鸿宾楼》，载北京市西城区政协文史资料委员会编《西城名店》，1995年12月版，第1~3页。

捐助银两,并置坟地,为供奉香火之费。"可见江南糖饼行北迁京师最晚康熙年间就有了。

安徽人汪荣清经营的稻香村就是家南味食品店,制作糕点的桂花,都是打南方进货。据

公私合营后的桂香村食品店

说一次开坛,桂花中惊现 10 枚金戒指,不知何人误藏,简直就是飞来横财。以此为转机,1916 年,汪荣清、朱有清等人合股又在观音寺街(今大栅栏西街)开设了一家分号。为纪念"桂坛藏金",他们特意选在桂花盛开的中秋节开业,取名"桂香村",由朱有清主持经营,与稻香村并称为"二香"。

不久,桂香村又在距离西单牌楼四五十米、西单北侧路西第二条胡同白庙胡同口南侧开设分店。① 西单桂香村 3 间门面、面积 200 平方米,一栋两层小楼,"桂香村南味食品店"招牌高高挂起,"桂香村"3 字牌匾悬挂门脸儿正中。大门两侧的柱子书有"喜寿糕桃,龙凤喜饼",柱头上刻有刘海戏金蟾标记,店内南方水乡风情装饰,清新典雅。

---

① 赵树琦著《西单过去是条丁字路》,《北京晚报》2011年12月25日第24版。

后来桂香村的两大股东汪荣清、朱有清分伙了，汪荣清分得观音寺桂香村总店，朱有清分得西单北大街的桂香村分店。朱有清是江苏常州人，十几岁时就在苏州南味店学徒，精通江南食品糕点的制作。为突出南味特色，他特意从南方雇了技术工人、店员十几人，并在北京招学徒，前店后厂，自产自销，制作各式南味糕点、糖果、火腿、腊肉、香肠、蜜饯、米粉干等，生产规模不断扩大。10年后，朱有清用1000块现洋，将桂香村从稻香村买出，正式独家经营。

桂香村对每个品种都精心调制配方，选用上好原料精工细作，讲求色、香、味、形俱佳，保持地道的苏杭美食风味特色。牛舌饼皮酥层多，馅儿绵软松散，甜咸适度；小桃酥又酥又脆，面细油多；南豆糕不足寸高，以油和面，口感酥软，一斤有36小块，里面还有馅儿，豆糕面上还印上"桂香村南豆糕请品尝"的字样，好吃好看又好玩儿，简直就是个艺术品。桂香村的肉食品别具风味，如江苏风干鸡、南京板鸭、无锡排骨、苏式猪油年糕、苏式粽子和广式粽子、广东香肠、福建肉松、湖南腊肉等。

桂香村食品的名声不胫而走，被誉为"样样皆上品"。据1923年出版的《实用北京指南》记载，清代北京最流行的是饽饽，北方著名糕点是大八件、小八件等，南

20世纪90年代的桂香村食品店

味糕点只能在外城开业。专营南味糕点、食品的稻香村、桂香村开在内城,大受欢迎。据《旧都百话》描述:"凡是场面上往来的礼品,谁不奔向稻香村、桂香村。"兴旺景象可见一斑。由于桂香村食品被视为"上品",社会名流也慕名而至,画家齐白石,名医孔伯华,京剧表演艺术家尚小云、裘盛戎等,都是桂香村的老顾客。[①] 梨园泰斗袁世海、梅葆玖及书画界名流王遐举、陈书亮、米南阳、李滨声等都多次光临并留下珍贵墨宝。

1936年,朱有清病故,儿子朱世杰继承经营。1941年,雷绍瑜、张光蕴从朱世杰手里把桂香村租过来,集资15000元,店员从10余人增加到30余人,自制和采购各种食品500余种。

中华人民共和国成立后,政府给予桂香村贷款,业务不断发展。1954年,桂香村提前参加公私合营。改革开放后,北京桂香村食品中心设在西单北大街177号,北京桂香村食品有限公司在西城区新街口南大街139号。

现如今桂香村产品分为糕点、肉食和小食品三大系列数

位于新街口南大街139号的桂香村

[①] 耿方著《糕点上品桂香村》,载北京市西城区政协文史资料委员会编《西城名店》,1995年12月内部发行,第71页。

百个品种。糕点分为南点、西点两大类别，南点多以苏式、广式为主。元宵节制售的元宵，个儿大皮薄，馅儿心多样，有芝麻、山楂、椰子、松子、豆沙、奶油、可可及火腿等馅儿。端午节制售的粽子，有豆沙、枣泥、赤豆、鲜肉、咸肉、火腿等品种。中秋月饼囊括京式、苏式、广式、滇式四大系列数十个品种和传统型、改良型、营养型、水果型、无糖月饼、冰皮月饼共六大系列，计160个品种。

桂香村著名五色大云糕的五色即芝麻（黑色）、玫瑰（红色）、白糖（白色）、薄荷（绿色）、鲜肉（黄色），造型精细，色泽鲜艳，底厚、馅多、面薄，咬上一口，香、酥、肥、糯、松，美不可言。玫瑰酥皮、牛舌饼、葡萄奶酥等都被命名为中华名点，在连续5届的"北京月饼文化节"评比过程中，产品、包装、创意都榜上有名，并被认定为"信得过"品牌。

桂香村自制的南糖，如寸金糖、豆酥糖、浇切麻片、黑切糖、松子糖、桂花皮糖等，为上乘消遣食品。经营的南味肉类有酱鸡、扒鸡、糟鸭、熏鱼、肉松、糟肉、香肠、五香火腿等，代表品种苏式叉烧肉、五香熏鱼、无锡排骨、笋豆甜咸适口，久食不腻。

桂香村标识

文化·西单

石虎胡同7号的好春轩曾是徐志摩回国后的寓所,胡适、林徽因、林语堂、梁启超、林长民等社会名流都曾是这里座上宾;西单商场是16岁的侯宝林开始单独说相声的地方;光绪二十二年(1896年),在西单的文明茶园放映了进口无声黑白短片,这是北京最早的电影;1937年开业的长安大戏院,金少山、尚小云、程砚秋、荀慧生、谭富英等都曾在这里演出。

徐志摩的"新月"家园

我们的小园庭，有时荡漾着无限温柔：
善笑的藤娘，祒酥怀任团团的柿掌绸缪，
百尺的槐翁，在微风中俯身将棠姑抱搂，
黄狗在篱边，守候睡熟的珀儿，它的小友，
小雀儿新制求婚的艳曲，在媚唱无休——
我们的小园庭，有时荡漾着无限温柔。

这些优美的诗句，描写的是西单石虎胡同7号的诗化意境，它的作者就是大名鼎鼎的徐志摩。石虎胡同就是现如今西单北大街路东的小石虎胡同，7号现在的门牌是33号。

1916年，蔡锷（字松坡）将军病逝后，他的老师梁启超为了纪念这位反对帝制的爱国将军，决心创立"松坡图书馆"。1923年，经当时的民国大总统黎元洪批准，拨北海公园快雪堂建立松坡图书馆。同年11月4日，图书馆正式成立，梁启超任馆长。后来，又在石虎胡同7号设立松坡图书馆分馆，主要存放英、法、德、日文等外文图书1万余册。

1922年，徐志摩回国后暂时寓居在石虎胡同7号的好春轩。后来经胡适、蒋百里推荐，担任了松坡图书馆外文部的英文秘书。

徐志摩是中国现代诗人、散文家、新月派代表诗人。1915

年毕业于杭州一中,先后就读于上海沪江大学、天津北洋大学和北京大学。1918年赴美国克拉克大学学习银行学,同年转入纽约哥伦比亚大学研究院经济系。1921年赴英国留学,入剑桥大学当特别生,研究政治经济学。他的《再别康桥》脍炙人口,感动着一代又一代人:"轻轻的我走了,正如我轻轻的来。我轻轻的招手,作别西天的云彩。"

在石虎胡同7号,徐志摩发起了周末聚餐会,每两周聚餐一次。胡适、陈西滢、林徽因、林语堂等作家文人,以及梁启超、林长民等社会名流是聚餐会的常客,他们唱和痛饮、作诗叙旧,还时常表演京剧、昆曲,名副其实的"谈笑有鸿儒,往来无白丁"。

1924年春季,徐志摩在好春轩住所的墙上挂了个牌子,上书3个大字:新月社。这是他根据印度大诗人泰戈尔诗集《新月集》起的名字,意在"它那纤弱的一弯分明暗示着,怀抱着未来的圆满"。聚餐会演变成了新月社,他这样评价新月社的沙龙:"房子不错,布置不坏,厨子合适,什么都好……有舒服的沙发躺,有可口的饭菜吃,有相当的书报看。"

在这里,徐志摩创作了大量优美的诗作。《希望的埋葬》中他写道:

我收拾一筐的红叶,

露凋秋伤的枫叶,

铺盖在你新坟之上,

——长眠着美丽的希望!

诗中凄美的红叶,是否寓意着他对才女林徽因的无法忘却的爱恋，让人遐想。徐志摩在英国伦敦相识林徽因，对她一往情深，两个人似乎已经谈婚论嫁，但"轻轻的我走了，正如我轻轻的来"。1921年10月，林徽因随父亲乘船回国。1924年，印度大诗人泰戈尔访华，徐志摩抵达上海迎接这位诗人，并担任其访华期间的全程陪同。在杭州西湖，他向泰戈尔吐露了自己对林徽因的爱恋。在北京期间，徐志摩与林徽因两个人担任泰戈尔的陪同兼翻译，以至泰戈尔见到林徽因，想做月下老为他们牵起红线。5月8日是泰戈尔64岁生日，为给老人家祝寿，特地用英语排演了他的著名诗剧《齐德拉》，徐志摩、林徽因分别扮演剧中的主要人物，而绘制布景的则是大名鼎鼎的梁启超的公子梁思成。1928年3月，林徽因与梁思成在加拿大温哥华完婚。

《北方的冬天是冬天》中徐志摩写道：

"北方的冬天是冬天，满眼黄沙漠漠的地与天：赤膊的树枝，硬搅着北风先——一队队敢死的健儿，傲立在战阵前！不留半片残青，没有一丝粘恋……田里一只困顿的黄牛，西天边画出几线的悲鸣雁。"

粗犷的句子，勾勒出一幅"旧京冬日图"。细品诗意，不难体会出，其间也有一丝若隐若现的悲凉。

创立新月社后，1925年1月，徐志摩又与志同道合的朋友们在松树胡同创建了新月社俱乐部。后来，徐志摩从石虎胡同搬到了松树胡同，新月社与新月社俱乐部也就合二为一了。1925年10月，徐志摩接编《晨报副刊》，撰稿者主要是新月社成员。

1927年，新月社一些成员纷纷聚集到上海，徐志摩与陆小

林徽因（左）、徐志摩（右）和印度大诗人泰戈尔（中）

曼婚后也移居上海。1928年3月，徐志摩一边在光华大学、东吴大学等校担任教授工作，一边又创办了《新月》月刊，《再别康桥》这首诗就是1928年12月10日在该刊第1卷第10号发表的。1930年冬，他又到北京大学、北京女子大学任教。1933年6月，《新月》月刊出至第4卷第7号后停刊，书店为商务印书馆接收，新月社宣告解散。①

1931年11月19日，徐志摩为了赶回北平，聆听林徽因为驻华使节举办的中国古代建筑讲座，搭乘飞机不幸遇难，化作了"西天的云彩"。

石虎胡同7号，永远是徐志摩"诗化生活"的"世外桃源"。

---

① 钱理群、温儒敏、吴福辉著《中国现代文学三十年》，北京大学出版社2012年2月版。

侯宝林开始单独说相声的地方

相声大师侯宝林无人不知、无人不晓,但侯老开始单独说相声的地方是哪儿?这恐怕知道的人就不多了。

侯老是满族人,1917年出生在天津。因为家境贫寒,4岁时被舅舅张金斌带到北京,过继给其妹夫侯连达夫妇为义子,起名侯保麟(曾用名侯世荣)。养父是满族人,在涛贝勒府当厨师,家境清贫。他童年时代先后住过织染局、龙头井、东煤厂、张皇亲胡同、藕芽胡同、扁担胡同、中官房等七八个地方。有一次演出时,海报错把"保麟"写成了"宝林",于是他将错就错改名为"侯宝林",这个名正好也巧合相声演员中的"宝"字辈。

看到这儿,您一定以为侯老打小儿就是学相声的,其实不然,他最初学的是京戏。12岁时,侯宝林拜严泽甫为师学习京剧,3个月后开始街头卖艺。其间,师父在天桥与著名艺人"云里飞"(白宝山)搭班撂地卖艺。白天,侯宝林在师父演出间隙表演京剧、滑稽二黄;夜晚,和师父、师兄一起到妓院卖唱。

15岁那年,养母张氏去世,师父全家又离京赴太原演出。侯宝林别师回家,开始在鼓楼市场李四的小戏班里唱京戏。他最拿手的是一个人表演生、旦、净、末、丑多个唱段的《拾万金》,每天收入一两毛钱。空闲的时候,他常去附近一个相声场子跟唱莲花落的艺人崇佩林学唱太平歌词,又从相声老艺人常宝臣、聂文治那儿学会了相声《杂学》。

1933年,侯宝林16岁了。西单商场盖好后,鼓楼市场唱戏的人转到了西单商场,他也随着去了。那年月,鼓楼比天桥高级一点儿,西单商场又比鼓楼高级一点儿,可侯宝林的境遇并没有"高级"起来。到了冬天,他换不上冬衣,仍旧穿着单衣。好心眼儿的老太太们心疼地说:"瞧这孩子多冷啊!没衣服穿啦!咱们给他凑凑吧!"于是乎你拿两吊、她拿三吊,凑钱给他买了身冬衣。[①]

侯宝林西单商场唱戏的场子,毗邻著名相声艺人高德明、朱阔泉、汤金澄等人的相声场子。听相声是他唱京戏之余的业余爱好,没事儿就去听相声,听完他还琢磨,特别喜欢单口相声。偶尔相声场子里说相声的人少,他就客串一把,帮着说段相声。

1936年夏天的一个早晨,雨下得那叫一个大,瓢泼似的。但是,在一家茶馆借宿的侯宝林必须起床,因为茶馆要开门接客。他口袋里一个子儿没有,肚子饿得直叫。下午4点多钟,雨总算停了。来到西单商场找饭辙的侯宝林,看到相声场子用链子锁着的板凳,个个湿漉漉的。

人饿了法子就多,一个奇怪的点子蹦了出来。他打起笑脸,对半生不熟的包场子的相声演员说:"您把这场子打开,我把板

[①] 侯宝林著《我说说西单商场》,载北京市西单百货商场场史编写组《旧日西单商场》,北京出版社1988年9月第1版,第89页。

凳晾一晾,说段相声行吗?"

包场子的相声演员白了他一眼,不屑地说:"你真行!这雨刚住脚儿,湿里吧唧的咋说呀?"

"您瞧!这不出太阳了。把板凳晒晒不就齐了。"侯宝林谦恭地解释。看他这么执着,包场子的相声演员答应了他的请求。一天没吃饭的侯宝林赶紧把场子打开,把水扫一扫,把板凳晒一晒。

不大一会儿,有人来了。西单商场方圆4个场子,这当口只有侯宝林一个人说相声。尽管肚子饿得咕咕叫,他还是拿出浑身的本领,卖力气地说相声,一直说到晚上。一清点,挣得真不少,1500多枚大子儿,合银圆3元多,除去交场租还剩下2元5角多。这是他平生第一次"发大财"。父亲也一天没吃饭了,侯宝林给了父亲一半,自个儿还剩下1元多。晚上8点多,爷儿俩总算吃了顿饱饭。

这是侯宝林第一次单独说相声,西单商场是侯宝林第一次单独说相声的地方,也是他第一次说相声挣了这么多钱。后来侯宝林改行说相声,除了对相声的热爱之外,与说相声比唱京戏能多挣几个钱也不无关系。

说相声讲究拜师父,否则没法儿在相声圈里混。21岁那年,侯宝林正式拜朱阔泉先生为师。按相声行规,拜师要摆拜师宴,得请说评书的、唱莲花落的、变戏法的、练把式的各一门师父,因为这几门相互连通。单口相声里有评书的元素,评书里面有相声的元素,莲花落的"前脸儿""说口"有的可以改编成相声。变戏法的、练把式的说的部分也很大,"天桥的把式——光说不练"

就有这个意思。侯宝林没钱上饭馆摆拜师宴,就拿出一元钱,在师父家请了顿炸酱面,算是抵了。拜了老师,侯宝林就在场子里正式说相声了。

相声艺人讲义气,谁没饭辙了,大家伙儿就相互帮衬一把,穷朋友帮穷朋友。有一次,侯宝林正在场子里说相声,来了位同行向他说了一句:"辛苦,回头我说一个。"那意思侯宝林自然明白,今天这位穷朋友没场子,没饭辙了,要借这场子说一段,挣点儿饭钱,行话这叫"沾光"。于是乎,侯宝林让这位同行上场,还给他一会儿捧哏一会儿逗哏,帮着他敛钱看场子。

天冷了,西单商场人少了,相声场子也不好混了,侯宝林又跟人去闯关东。没承想东北兵荒马乱,连生命都没有保障,他只好又回到北平。为了生计,他抱病回到了西单商场的老地方。天气暖和了,他应约到天津燕乐戏院与郭启儒合作说相声。侯宝林艺术日臻成熟,声名大震,质朴、正派的台风赢得了广泛赞誉。

1947年,侯宝林又回到西单,在西单游艺社演出,一直到解放大军包围北平城的时候。1949

李滨声先生手绘的西单游艺社

年1月31日，北平和平解放，从此，侯宝林和许多旧艺人一起，成为新时代的文艺工作者。①

启明茶社

最初说相声的都是撂地卖艺，天津最早盖上房子说相声。在北京，启明茶社第一个盖上房子说相声。启明茶社是老北京相声文化的摇篮，被誉为"相声大本营"，他的创办人就是常连安②。

常连安原名常安，北京人，满族。他7岁丧父，8岁时赴东北学京剧，唱黑头兼演老生。14岁进北京富连成班学京剧老生3年，取艺名"常连安"。19岁那年来到张家口。长子出生后，因为张家口蘑菇多，就给儿子取名"小蘑菇"。"小蘑菇"就是日后著名的相声演员常宝堃。1923年，他携妻儿到了天津，在三不管地界搭变戏法的万傻子班演相声。后来被张寿臣收为师弟，正式改行说相声。

1937年春天，常连安带着次子宝霖到北京说相声、演杂耍，很受观众欢迎。一天，有位老观众建议常连安："你们一家子都

---

① 李滨声著《西单游艺社》，载北京市西单百货商场场史编写组《旧日西单商场》，北京出版社1988年9月第1版，第55页。
② 常连安（1899—1966年）：老一辈相声演员，原籍北京，满族正白旗人。

李滨声先生
手绘的启明
茶社

说相声，为什么不自己挑个班，弄个园子？"

常连安说："我们变戏法说相声的，哪有钱呀？"

"大火后的西单商场正想聚人气儿，那里头有地儿。你要是看着行，我就把它租下来。赚了是你们的，赔了是我的。"老观众挺仗义的。

常连安一看这个老观众给找的这地方，在西单商场东门外太仆寺街东门左首，坐北朝南。房子一排3间、进深6间，长条木板座位约15排，可坐100多号人，舞台设备简陋，后台也挺窄巴的。合计一下，开园子太小，干脆改叫茶社吧。当时北京还没有杂耍园子，这是第一家，就叫启明茶社吧。

启明茶社既是茶馆又是曲艺厅，进门坐东朝西是一个小型的舞台，舞台前面摆设茶桌和座椅，顾客一边品茗休憩，一边欣赏舞台上的演出。启明茶社开张后，以曲艺为主，由魏喜奎、曹宝禄、郭荣山、韩承先的大鼓、双簧和常宝霖、常宝霆的相声撑台，但是生意还是有点儿清淡。于是乎常连安就跟那位老观众商量：咱不能让您老赔钱呀！干脆，都说相声得了。打1938年起，启明茶社就改成了相声大会，专门表演相声。①

相声大会日夜两场，清一色的相声艺人轮流上场表演相声。每场演9段对口相声，出场次序是：赵春田、常宝霖、苏文茂、孙玉奎、赵振铎、王长有、谭伯如、罗荣寿、李桂山、王世臣、赵玉贵、常宝霆、常宝华或白全福。

常连安多才多艺，不仅自己演单口相声、唱太平歌词、变戏法，还带着几个"蘑菇"儿子说相声。这里得交代一下这几个"蘑菇"。既然大儿子常宝堃叫"小蘑菇"，老二、老三、老四的艺名照此办理，分别叫了"二蘑菇""三蘑菇""四蘑菇"，小哥儿四个个儿顶个儿的棒，很受欢迎。启明茶社演出的大轴就是他和"二蘑菇"常宝霖说对口相声，把"三蘑菇"常宝霆、"四蘑菇"常宝华两个的相声穿插其中。

据"四蘑菇"常宝华回忆：当时启明茶社门口有3块牌子——文明相声、相声大会、零打钱，这在当时曲艺界都是创新之举。②

所谓"零打钱"就是启明茶社进门不用买票，出门也没人收

---

① 李滨声著《启明茶社》，载北京市西单百货商场场史编写组《旧日西单商场》，北京出版社1988年9月第1版，第59页。
② 常宝华著《忆启明茶社》，载北京市西单百货商场场史编写组《旧日西单商场》，北京出版社1988年9月第1版，第99页。

票，随时进出。茶社卖的是茶，收的是茶钱，演员说相声是零打钱。每说完一段，攒底的"包袱"抖响后，捧哏的说声"你别挨骂了"，紧接着后台的人各执一个笸箩或木制的小方盒，走到观众席来零打钱。两位相声演员站在原地不动，口中念念有词："金银不怕碎，聚少成多，多多少少，微微了了俱是捧场。""哪位赏钱？无君子不养艺人！"当观众把钱扔进小笸箩或小木盒里，敛钱的要喊出："这位爷赏×元！"台上马上道："谢了！"上下呼应，热闹非凡。

"林子大了什么鸟都有"。也有些人抖机灵、耍鸡贼，想听相声不给茶钱。启明茶社讲究"文明相声"，不骂人，用比较文明一点儿的话损他："那位先走一步，他要尿裤子啦！"此话一出，哄堂大笑。想走的人也不好意思了，只好掏钱。钱有时"打"上来得太少，台上的演员就得再垫点儿"话"："那天有位老太爷，身体还真胖，足有二百斤。一赏就是10块，我说'谢谢'，他说'谢嘛？把我背天津去得了'。"包袱抖"响"了，不少人就不得不掏腰包。到后来启明茶社发展到卖牌，2块钱5个牌，一个牌听一段相声。

相声中的"双层包袱"不容易，启明茶社表演的《打灯谜》中就有这么几句：

甲：就酒的酒菜。打一电影名。

乙：猜不着。

甲：海蜇。

乙：哎，哎，没有这电影。

甲：那不是吗？李丽华演的电影，末了儿不是她顺着海边一直走,最后走到海里淹死了。

乙:哎哟,那电影啊!那电影叫《海誓》。

甲:哦,海誓啊!我念了好几年"海蜇"了。

这包袱到这儿就是双层,一层是谜底,一层是念别字。

艺人多了听的人也多了,场子就扩大了,改为9间房。当年那房子是木板房,3间一排,把木板往外一推就又是3间,启明茶社的房子最后增加到12间,面积约400平方米,演出从下午1点到凌晨1点,每天演出都满座,赶上过节,观众爆棚,没座站着听。

"常派"相声的代表人物是"小蘑菇"常宝堃,4岁开始随父撂地卖艺,表演戏法的"说口"。童声清亮,口齿伶俐,抓哏逗笑,聪慧机敏,颇受观众的喜爱。9岁时正式改行说相声,在天津拜

"小蘑菇"常宝堃在朝鲜前线为志愿军表演相声

张寿臣为师。经名师指点,再加上他悉心钻研,13岁时崭露头角,15岁时就与赵佩茹搭档,在北平、天津一带演出,声名鹊起。

"小蘑菇"常宝堃很有民族气节。1943年,天津物价飞涨,洋白面从2块钱一袋上涨为8块钱一袋,老百姓只能吃配给的"杂和面儿"。他编演《牙粉袋儿》节目,讽刺日本人的残暴统治。

甲:每天赶几场演出。另外,什么看孩子、买菜、做饭、刷碗、洗衣裳、挑水、扫地、倒土、攥煤末子、挤配给面,这都得干。

乙:为了赚钱,累死为止。

甲:受累倒不怕,钱到手更为难。

乙:怎么?

甲:米、面一天一个行市,你知道什么时候涨价儿啊!

乙:那咱可说不好。反正有配给面,价儿也涨不到哪儿去。

甲:就是那混合面儿?里边儿全是麸子、黑豆、花生皮儿、白薯,土粉子掺锯末呀!吃完消化不好,我妈吃一顿一个礼拜没解大便。

乙:老人孩子,买点儿白面吃。

甲:咱不像人家有钱的,什么"金豹"的、"三星"的方袋面,往家一拉就三五十袋的。

乙:你哪有那么些钱啊!

甲:最多咱也就买上一袋儿洋白面。

乙:花上两块大洋。

甲:两块?你再打听打听。

乙:涨多少钱啦?

甲：涨到5块、7块，"第四次强化治安"涨到8块一袋儿。

乙：嚯！穷人还活得了啊？

甲：他慢慢"强化"，你慢慢熬着呀！"四次强化治安"8块钱一袋面，听说到"第五次强化治安"白面就落到4块钱一袋儿了！

乙：嘿！落一倍的价儿？

甲：不过，袋儿小点儿。

乙：洋面袋儿？

甲：不！牙粉袋儿。

乙：啊！

为此，"小蘑菇"常宝堃被抓进了宪兵队，险些被打死，最后交了罚款，才被放出来。

中华人民共和国成立前夕，"小蘑菇"常宝堃断然拒绝国民党的威逼利诱，拒绝编演讽刺中国共产党的节目。1949年7月，他出席了全国第一次文学艺术工作者代表大会，受到了毛泽东、周恩来、朱德等国家领导人的亲切接见，编演了许多新相声。

1951年，"小蘑菇"常宝堃参加第一届中国人民赴朝鲜慰问团。

在朝鲜给志愿军演出，一般都在黄昏时分，为的是躲避美军的轰炸。可有时美军飞机扔照明弹，照得夜晚如同白昼一般，志愿军领导马上叫慰问团钻进防空洞。几次过后，他发现演员钻了防空洞、战士却原地未动。他就问这是为什么。志愿军领导说战士们有经验，他们不怕。一听这话，他斩钉截铁地说：战士不怕我们也不怕，演！他灵机一动来了个"现挂"：咱得感谢老美，天黑了，知道大家看不清楚。他一指天上：那个照明弹，就是给咱安了几个临时电灯。这包袱把紧张气氛一扫而尽。

4月23日，赴朝慰问团胜利完成任务踏上归程。中午，慰问团在三八线附近的沙里院休息，突然遭到4架美国飞机的袭击。"小蘑菇"常宝堃站起来喊道：谁都不要出去，别暴露目标！话音未落，美机就开始扫射，随着"轰轰"巨响，房子燃烧起来。扑灭烈火后，人们在门旁发现了他：头上中弹，已经停止了呼吸。29岁的年轻生命在朝鲜前线戛然而止。

当年启明茶社在北平四九城家喻户晓，喜好相声的老北京人没去过的不多。1949年北平解放以后，随着西单商场的改扩建和相声演员的归队，启明茶社结束了它的使命。

孕育北京曲剧的地方

话说启明茶社开业之初，以表演曲艺为主。表演京韵大鼓的阎秋霞①、表演河南坠子的马小荣、表演唐山大鼓的魏喜奎②3个十几岁的小演员常在这儿演出。为时不久，离启明茶社不远的巷子

---

①阎秋霞（1927—1988年）：京韵大鼓演员。原名陆淑兰，十几岁开始在北京学艺，后拜白派京韵大鼓创始人白云鹏为师。20世纪40年代中期已成名，在京韵大鼓女性化的征途上书写了重要的一笔。

②魏喜奎（1926—1996年）：奉调大鼓和北京曲剧演员，代表剧目有《杨乃武与小白菜》《啼笑因缘》《箭杆河边》《方珍珠》《泪血樱花》等。

里又开了家凤鸣园，两家打起了擂台。

开凤鸣园的是有"三弦圣手"之称的著名弦师白凤岩。他开这家园子的目的，是为了捧他的三弟白凤鸣。他几次到魏喜奎家去，和她父亲商量，想把她由启明茶社拉出来。但是魏家和常家关系很好，就想了个两全其美的办法，让魏喜奎在两个园子跑。

曲艺名家魏喜奎

白凤岩这个人热衷改革，他不仅为三弟白凤鸣改革京韵大鼓的唱腔，对梅花大鼓的唱腔也有改革，创出一种"新梅花调"来。在他的启发下，魏喜奎也开始改革自己的唐山大鼓唱腔：以唐山大鼓为基础，借鉴东北大鼓的演唱技巧、铁片大鼓的活泼唱法，吸收皮影、评剧的某些旋律，以北京语音行腔，逐步形成了一种新的曲艺形式——奉调大鼓。

1946年，福寿商场临街二楼北侧建起西单商场最大的一家曲艺社——西单游艺社。1949年北平和平解放后，政府号召唱新演新，提倡演从延安老解放区传来的小节目，配合时事政策宣传。于是，魏喜奎和曹宝禄、顾荣甫、尹福来、关学增等人组织了群艺社，琢磨着以拆唱八角鼓的形式，用单弦儿牌子曲的唱腔，演出《新探亲》《新打灶王》《破除迷信》等小戏，受到观众欢迎，文艺部门也给予了表扬。

这种演法是个新尝试，演出自然闹过些笑话。唱单段的曲艺演员一般都是自备便装，没有公用的服装箱。演起新戏来，戏装只好个人从自己家里找。表演《新探亲》时，关学增演城里的婆婆，顾荣甫演乡下的亲家母，尹福来演娘家哥哥，魏喜奎演儿媳妇。当时顾荣甫还没结婚，借别人家妇女衣裳穿怕人家不乐意，他只好从弦师王玉泉父亲留下的戏装笼子里找戏装穿。

有一回，十二三岁的小演员王淑英没别的事，顾荣甫让她跑一趟去借服装。谁知她说："你们唱戏，不让我唱，干吗让我给借衣服去呀？"大伙儿就说："衣服是给顾大哥借的，赶明儿个让顾大哥跟你唱一出好不好？"一听这话，王淑英高兴地走了。

《新探亲》广告牌往西单商场门口一戳，招来众多顾主，票卖得极好，场场满座。第一天，关学增戴着假头套扮演城里的婆婆，可是他留着大背头，到了场上脑袋稍一活动，头套就打转。演儿媳妇的魏喜奎跟在他身后，不时地给他正头套。没承想他一使劲摇头，头套掉到了台上，引起观众哄堂大笑。魏喜奎赶紧捡起来，重新给他戴上。关学增现场抓哏说："您瞧我这儿媳妇，多孝顺哪，一天到晚总跟着给我梳头！"这句现抓的词又引起观众一片笑声，喜剧的气氛全出来了。

这边的乐子刚消停，小演员王淑英那边的事又来了。她瞧着没有自己什么事，几次问："不是说也让我唱戏吗，怎么不理我这个茬儿啦？"

"你不是给顾大哥借服装吗，找他去，让他跟你唱。"大家哄她玩儿。

正巧顾荣甫准备排演《新打灶王》，就说："淑英，你跟我一块唱《新打灶王》，好不好？"

"我扮什么呀？"王淑英问。

"你是主角，灶王啊！"顾荣甫这么一说，王淑英高兴得不得了，连说："行、行！"

这出戏本来是一个人，王淑英不了解。到演出要扮戏的时候，顾荣甫把她找来说："淑英，快扮戏吧，待会儿就得上场啦！"

"我上去说什么呀！"王淑英问。

顾荣甫告诉她："你往椅子上一坐，听我唱就行了，不用说话。"

顾荣甫往她脸上抹锅烟子，她还以为擦粉呢。等到化好装，一照镜子，瞧见自己一脸黑，吵嚷起来："我不唱了！不唱了！一脸黑，多寒碜！"说完就要去洗脸。

顾荣甫拦住她说："灶王能是白脸吗？再说，扮灶王有便宜，待会儿戏演完了，一桌供品全归你一个人吃。"王淑英这才同意上场。

演出开始了，王淑英在椅子上坐着，瞧着前头桌上点心、水果等供品，心想：待会儿带回家吃。当顾荣甫把供品往台上扒拉的时候，她本能地想弯腰伸手拦住，顾荣甫赶紧制止，小声说："待会儿再捡起来，归你！"

戏演完了，没等谢幕，王淑英就趴在台上捡供品，往撩起来的衣服兜里搁，惹得台下观众炸了窝似的鼓掌、叫好。[①]

1951年，老舍先生将宣传婚姻法的新作《柳树井》交群艺

[①] 魏喜奎著《我的母校西单商场》，载北京市西单百货商场场史编写组《旧日西单商场》，北京出版社1988年9月第1版，第81页。

社排演，魏喜奎、关学增、孙砚琴等人的演唱声情并茂，表演生动贴切，受到观众的欢迎和认可。就这样，一个新的剧种伴随着新戏《柳树井》的演出诞生了。在老舍的建议下，将"曲艺剧"定名为"曲剧"，后为区别河南曲剧，改称为"北京曲剧"。北京曲剧是北京这块土地上诞生的唯一一个北京地方戏曲剧种。

1953年，群艺社集中了北京戏剧界编剧、导演、音乐、舞美等各方面的艺术力量，排演了根据话剧《妇女代表》改编的曲剧《张桂蓉》，参加1954年举行的北京市第一届戏曲观摩演出大会，获得剧本、导演、演员、音乐、舞美等多项奖励。北京曲剧作为北京地方戏的地位得到了更广泛的肯定和确认。后来创作改编的剧目《杨乃武与小白菜》《啼笑因缘》《珍妃泪》《少年天子》等，在全国产生了较大影响。

1979年，北京曲艺团改名为北京曲艺曲剧团。2000年后，他们先后创作了《四世同堂》《北京人》《正红旗下》《鱼水情》等多部舞台作品，着力打造北京风格的本土音乐剧。

从哈尔飞戏院到西单剧场

西长安街从西单路口到复兴门立交桥路北，过去曾有一条著名的胡同——旧刑部街，明清两朝都察院设在这里，所以胡同叫旧刑部街。20世纪50年代扩宽西长安街时，旧刑部街被拆除，在都察院旧址上兴建了民族文化宫等建筑。

清朝末年，曾任黑龙江省佐领、副都统、盛京将军增祺的府邸就在旧刑部街12号（今复兴门大街29号）。增祺与张作霖的关系不一般。张作霖在东北当"胡子"（土匪）时救过增祺的命，后来被增祺安排当了巡防队前路统领。辛亥革命后，曾是清廷要员的增祺赋闲在家，而张作霖从师长、奉天督军兼省长一直升到东三省巡阅使。为了感谢增祺的"知遇之恩"，送给了增祺10万元银票。后来增祺全家迁往天津，就把旧刑部街的府邸给了张作霖，于是这里又成了奉天会馆。1920年夏，张作霖应曹锟之邀从沈阳到北京，起初就住在奉天会馆。1926年，张作霖占领了北京，组成最后一届北洋政府——奉系的北洋政府。1928年，张作霖败走北京，奉天会馆从此衰落了。

奉天会馆正门在西、旁门在东，不过都临着旧刑部街。进垂花门往东，是一座千余平方米的花园。花园西边是戏台院，戏台高1.2米，方形台面近50平方米，我国传统古典戏台样式。1929年，当过县长、时任吉祥戏院经理的郝锦川出资租赁了奉天会馆的花园和戏台，筹建哈尔飞戏院。他在戏台原址新建了一座占地400平方米、砖木结构的棚式戏院，将原来的方形戏台改为半圆形舞台，楼下观众席设长条靠背椅，二楼观众席只设包厢不设散座，整个观众厅可容纳600余人，这是那年月旧式戏台向新式戏台过渡的模式。

说到"哈尔飞"这个奇怪的名字，这里面还有一个"马虎"故事。戏院开业前要在报纸上大做广告，就将英文"Happy"（快乐）

选为戏院的名字，洋气、时尚啊！没承想，遇上一个大马虎，拟写广告词时误将"Happy"拼为"Haipy"，音译就成了"哈尔飞"。广告发出去了，戏院才发现错了，只好将错就错，自称哈尔飞戏院了。

1930年9月14日下午3时，哈尔飞戏院举行开幕典礼。先由戏院经理彭秀康报告筹备经过，然后由梅兰芳致辞，之后由梅兰芳、赵丕康共同揭幕。典礼后演出开始，新艳秋表演《女起解》、杨宝森表演《打渔杀家》、刘宗扬表演《恶虎村》。晚场戏先是《法门寺》"大审"一折，接着是《金钱豹》。中间休息后将上演梅兰芳的《贵妃醉酒》，这也是梅兰芳访美归来后的首场演出。中间休息时，戏院里已经掌声雷动，后场立刻重新开戏。夜戏结束时，观众拥到台前，长时间鼓掌，梅兰芳不得不再次地谢幕。

哈尔飞戏院开业后，杨小楼、尚小云、程砚秋、荀慧生、马连良等京剧名角以及河北梆子著名演员金刚钻、评剧皇后白玉霜、

远眺哈尔飞戏院旧影

艺人喜彩莲、昆曲名家韩世昌等经常在这里演出。除了传统戏曲节目，话剧、歌舞等现代舞台艺术也经常上演，在社会上引起一时的轰动。

1931年"九一八"事变后，9月27日，流亡到北平的东北爱国人士杜重远、阎宝航等人，在奉天会馆成立了"东北留平同乡抗日救国会"，后改称"东北民众抗日救国会"，"团结东北军民，抗日救国，收复失地"。在抗日救国会的号召与影响下，流亡在北平的东北籍人士纷纷返回家乡，参加对日斗争，有不少人参加了东北抗日义勇军。

长安大戏院、新新大戏院开业后，西单地区戏院三足鼎立，竞争形成局面。1937年7月北平沦陷后，戏院业务每况愈下。为了摆脱困境，哈尔飞决定走一条新路。1939年1月6日至22日，一连举办17天的曲艺杂耍大会，上座率很高。尝到甜头后，又举办了多场曲艺杂耍大会。9月15日，戏院在《新民报》上刊登广告，正式打出哈尔飞瑞园茶社的招牌。9月18日，开幕演出，连演6天。从此，哈尔飞自降身段由戏院改称哈尔飞瑞园茶社，经营曲艺杂耍节目，不再上演戏剧。①

哈尔飞瑞园茶社依旧延续"名家路线"，广泛联系曲艺界的名角，如评书艺人连阔如、架冬瓜，单弦儿艺人高德明、汤瞎子，鼓书艺人白云鹏、方红宝、小彩舞，相声艺人小蘑菇、赵佩如、张傻子，另外河南坠子、口技、双簧等曲种的著名艺人也常年在

---

① 侯希三著《从哈尔飞到西单剧场》，《北京史话④北京老戏园子》，中国城市出版社1999年12月第2版，第228~257页。

这儿演出。除了曲艺、魔术、武术、杂技等杂耍也在瑞园茶社上演。这些曲艺节目形式多样、票价低廉，很受市民的欢迎，曾经火爆了一阵子。但是到了1940年冬，瑞园茶社也宣告停业。

曾在奉天主办过《文艺画报》的天津人杨宜之、奉天人吕晚雷两人集资承租了瑞园茶社，将其改建为大光明电影院，杨宜之当经理，吕晚雷任监理，陈远谋、韩文选等负责放映。1941年3月1日正式开幕，放映美国米高梅公司出品的《比翼齐飞》招待宾客。大光明电影院专门放映英美流行影片，包括美国20世纪福克斯公司、米高梅公司等大公司的产品，先后上映了《绿野仙踪》《一世之雄》《鲁滨孙漂流记》《古城春色》等影片。

1941年12月7日珍珠港事件爆发，日本正式向美英宣战，北平的电影院禁止放映英美产的影片，只允许放映德、意、日和伪满洲国的影片，老百姓很抵制，经营举步维艰。1942年农历除夕，为了应付年关给员工发工资，大光明不得不把电影拷贝典当给西长安街的乾元当铺，拿回200元伪币。大年初一大清早售票后，凑足款项赎回拷贝，以保证首场放映。没办法，最终不得不歇业告终。[1]

1943年日籍台湾人杨朝华接手大光明，电影、戏曲兼营。1944年，更是将电影放映机卖掉而专营戏剧。到了1945年，法西斯轴心国败象凸现，杨朝华放弃大光明不知去向。

1945年日本宣布投降后，杨宜之联系在新新剧院工作的杨

---

[1] 杨玉栋著《杨宜之与大光明》，载《往事珍影》，中共党史出版社2006年7月第1版，第208~212页。

守琪、杨舒卿、李拱北、赵子和、李兴、石宝祥、史舒忠、尚文光等人，共同集资 60 股，每股 5 万元（当时合一两黄金价钱），继续经营大光明电影院，1945 年 11 月 14 日开业。杨宜之通过与片商分成的方式引进最新影片，与 20 世纪福克斯、派拉蒙、米高梅、雷电华、环球、联美、华纳兄弟、哥伦比亚等片商建立了关系，先后放映了《苏伊士运河》《海上血战》《太平洋战争》《周勃郎》《有苦难言》《怒海雄魂》《哑巴吃黄连》《蒙面大侠》《风流王孙》《风尘双侠》《摩洛哥血战史》《神枪三太保》等影片。

那年月看外国电影，既没有译制片也没有汉语字幕。为了让观众看得懂，电影院放映电影时，提前印好汉语说明书，观众入场时在检票口买。当时大光明的电影说明书每份 200 元（相当于解放后的 2 分钱）。卖说明书的人电影院不给工资，而是从中提成，一般是 10%，收入十分可怜。

1948 年 6 月的一天，一群国民党宪兵把杨宜之逮捕，押往北新桥炮局监狱，国民党北平警备司令部接管了大光明电影院，派来了一位黄姓经理。到了监狱杨宜之才知道，国民党宪兵怀疑大光明电影院是"中共的地下联络站、有秘密电台以及运往解放区的药品"。由于杨宜之不承认，案子一直没有结。到了 1949 年 1 月 23 日，也就是北平和平解放前几天，杨宜之被释放，继续担任大光明电影院的经理。

1949 年 3 月，大光明电影院重新开业，以后上映的影片也逐渐转为中国和苏联出品的"革命影片"，播出过《白毛女》《小城之春》《烟花儿女翻身记》《满城风雨》《清宫秘史》《风雨江南》

20世纪六七十年代的西单剧场

《货郎与小姐》等影片，大光明进入黄金时代，上座率高，收入稳定。

1952年12月31日，中央歌舞团成立。文化部为了给中央歌舞团找一个固定的演出场所，决定接收大光明电影院。1953年6月，正式接管并交中央歌舞团领导，萧英任经理，杨宜之任副经理。1954年1月，中国戏曲研究院接管了大光明影院；7月17日，正式改称西单剧场并对外营业。开业后，中国评剧院、中国京剧院、中国戏校、马连良剧团、荀慧生剧团、北京市京剧一团、北京市京剧四团、北京市曲艺三团、北方昆曲剧团先后在这里登台表演，演出过的知名剧目有评剧《秦香莲》，京剧《挑滑车》《红娘》《岳母刺字》《吕布与貂蝉》，昆曲《牡丹亭》《桃花扇》，相声《学评剧》《空城计》等；此外还播放过电影《李时珍》《铁道游击队》

《两个探险家》等。①

1959年，上海市越剧一团调往北京；1960年5月7日，北京越剧团正式成立，西单剧场划归其管理，演出的越剧受到北京市民的欢迎。由于上海演员不能适应北京的气候，1961年北京越剧团解散了，西单剧场又划归北京市曲艺团管理。

"文化大革命"期间，西单剧场一度改称长征剧场，以演出戏曲、曲艺为主，白天兼演电影。1978年，西单剧场翻建，增加了坡度，取消了楼上观众席，全场共1089个座位。一直到1985年，以上演曲艺节目为主，兼顾放映电影。曲艺名家魏喜奎、高凤山、关学增、罗荣寿、赵振铎等都曾在此登台演出，此外还播放过《五朵金花》《洪湖赤卫队》《以革命的名义》等电影。1985年，北京曲艺团被拆分为北京曲艺团和北京曲剧团两个演出团体，西单剧场划归北京曲剧团管理。此后，随着舞台演出的衰落，西单剧场主要转向播映电影，同时开辟电子游戏厅、录像厅等副业。

由于西单地区整体规划调整，1994年12月15日，西单剧场停止演出和电影放映，后拆除。原来计划在西单西南角的首都时代广场内建设一个北京曲艺剧场，但一直未能实现。②

据2011年11月28日《北京日报》报道，将在西便门大街甲1号建设北京市文化中心，西单剧场是其中一个主要项目。

---

① 杨玉栋著《杨宜之与大光明》，载《往事珍影》，中共党史出版社2006年7月第1版，第208~212页。

② 北京市西城区志编纂委员会编著《北京市西城区志》，北京出版社1999年8月第1版，第790页。

从新新大戏院到首都电影院

说到电影,西单地区也是开风气之先。光绪二十二年(1896年)八月,在西单市场内的文明茶园放映进口无声黑白短片,每场15分钟,当时叫西洋影戏,这是北京最早放映的电影。[①]

1937年3月7日,著名京剧表演艺术家马连良、戏曲经纪人肖震川、剧场业名人万子和等合股,在西长安街100号(后为46号)兴办新式剧场新新大戏院。戏院由设计师刘世铭设计、陆根记建筑公司兴建。门前留有车位,够几十辆车同时停放。前厅有大型衣帽间,舞台采用宫殿式,后方设有多间独立化装间。观众席呈扇面展开,前低后高,使每一排观众的视野都可以不受遮挡落在舞台上。楼上有两层包厢,包厢后面是散座。这样的剧场,比起现代的剧院也是毫不逊色的。

茶园剧场倒茶、售卖点心零食的叫卖声、观众的聊天儿声不绝于耳,比较嘈杂。而"新新"这样的西式剧场不仅设施先进,观剧环境也整洁,场内没有了放置茶水点心的方桌,也没有小商贩来回走动兜售货品,观众可以专心观剧。

马连良先生生在北京,但原籍是陕西扶风,所以他的剧团叫

[①] 北京市西城区志编纂委员会编著《北京市西城区志》,北京出版社1999年8月第1版,第788、791页。

"扶风社"。戏院门口,"扶风社"3个大字镶嵌在墙体上,享有演出优先权,这意味着"扶风社"从此有了一个固定的演出场所。作为北京规格较高的剧场,程砚秋、孟小冬、言菊朋等著名演员都"在此做场"。[①]

1940年,新新大戏院更名为新新电影院,日场兼放电影。1946年,先改名为北京大戏院,年底更名为国民大戏院。1949年3月,北平市军事管制委员会文化接受委员会接管国民大戏院。1950年,由周总理亲自定名为首都电影院。同年6月14日,首都电影院正式开幕,由郭沫若先生为影院题名,成为北京市第一家国家级电影院,由著名电影导演史东山的夫人华旦妮出任第一任经理。

首都电影院历经风雨历程,见证了中华人民共和国的成长与繁荣,是中国电影放映业打响的第一品牌。1957年,改建为全国第一座宽银幕立体声(磁还音)电影院。1983年,改建为全市第一家光学立体声电影院。1987年,放映收入第一个突破100万元,获得市电影放映系统迎春优质服务百强赛第一名。1996年,成为本市第一家票款超千万的影院。1997年,面对不断变化的电影市场及中国将要"入世"的社会大背景,提出了"名牌"发展战略的总体工作思路,使影院在管理、设施、环境、服务、卫生、放映声光质量始终保持高标准、高质量,得到了观众的一致赞誉。2001年,在全国首次安装了进口红光LED还音系统,使电影放

---

① 马龙著《我的祖父马连良》,团结出版社2007年第1版,第69~72页。

20世纪80年代的首都电影院

映更逼真。

影院曾多次接待过毛主席、周总理等党和国家领导人，举办过苏联、意大利、埃及、朝鲜、日本、法国、蒙古、瑞典、捷克等国家电影周开幕式活动。举办过数百次国际、国内电影首映式、见面会及与电影相关的各种大型活动。

2003年6月17日，首都电影院举行了隆重的迁建告别仪式，引起了社会各界的广泛关注，许多老影迷们在迁建纪念簿上写下满怀感慨的寄语，期盼首都电影院续写辉煌新篇。

2015年，在政府支持下，由北京华融文化投资有限公司对首都电影院进行了投资重建，首都电影院（西单店）终于落户西单大悦城10层，完成了由传统经典到现代时尚的华美转身。

首都电影院（西单店）总建筑面积10369平方米，共有13

首都电影院牌匾

个厅 1722 个座位。遵循"定位于高端、服务于大众"的发展思路，VIP 厅可以提供最舒适的贵宾级观影服务，3 个商务厅可以举办各种电影招待会，在 9 个时尚影厅中有两个可同时容纳近 300 人的大影厅，可以承办电影首映式和其他宣传活动。另外，影院还设有富丽堂皇的贵宾会议厅和温馨浪漫的电影酒吧，前者专门为高端会议提供场所，后者可成为影迷休闲和电影人交流创意的聚集地。

长安大戏院

1937 年 2 月 1 日，是长安大戏院正式开幕的日子。开幕的头一天，按照习俗要举行一个传统的仪式——破台。夜深人静之时，煞神一喊，灯光大亮，女鬼从后台跑出，煞神、死灵官追女鬼。煞神手撒五色粮、五色钱，把鸡脖子拧出血来，各处涂抹。女鬼、煞神跑到后台后，两个童子来扫台，仪式就算结束了。

开幕这天,梨园界和亲友送来不少花篮、喜幛等贺礼,同仁堂送了一块落地镜。戏院不售票,戏票送出去1000多张。晚上,开场戏照例上演《跳灵官》《跳财神》《连升三级》等吉祥戏,还特意从上海请来了金少山。这场开幕戏也是年底的封台戏,歇业两天后2月4日正好是大年初一,戏院开始上演。

老杨家建长安大戏院起初为的是赌一口气。家住旧刑部街的杨主生是四川新津人,来京后因为和帮会组织道德社社长段正言是老乡加亲戚,很快成了道德社大学长也就是二号人物。儿子杨守一,号蕉语楼主,1933年辅仁大学毕业后,协助父亲经商。1934年底的一天,四大名旦之一的荀慧生在哈尔飞大戏院主演《钗头凤》,老杨家没定上最好的包厢,嗜戏成瘾的杨主生一气之下决定自己家建一个戏院。

老杨家投资3万多大洋,请天津卫华营造社社长亲自设计,卫华营造社和北平一家营造社一起建了两年多才竣工。长安大戏院在西长安街西口路南13米,这地界原来是京城著名的日升杠房[①]的仓库,占地面积1044.5平方米、建筑面积3150余平方米,3层砖木结构,主体建筑坐西朝东,西端北侧有6米宽、13米长的楼房通向长安街。

舞台东向,顶高16米、深18米。南附台18平方米,设有配电室;北附台22平方米,有一间前面敞开式小屋,专门为乐队所设。台口宽13米、高8米。半圆形台口台唇突出,台口以

[①] 日升杠房属于杠房业中的山西帮,业主是郁兰斋。1929年为孙中山先生奉安大典提供服务。20世纪30年代中期停业。

后的空间较小，还没有跳出改良式舞台的格局。舞台有大幕、二幕、天幕、边幕、帘幕和灯光等现代剧场的设备。舞台中部有一个直径约5米的旋转舞台，舞台后大墙左右各有一个门通往台后一楼化装室，面积39平方米。二楼还有5个单间化装室，专为名角准备。①

观众厅东西长21米、宽23.4米，占地面积491.4平方米，加上楼上观众席，使用面积807平方米。两层共有观众席1206个，其中一层有座位998个，二层包厢后设散座，共有座位208个。观众席是单座折叠座椅，椅子背上装有平木板，供后排观众放置茶具。座板下面有个木盒子，供观众放手包、帽子。观众席最后是一排长条桌凳，是供警察、宪兵用的"弹压席"。

楼上10个包厢有30个座位号，其中正楼15号包厢从不外卖，东家专用。包厢围以隔板，内设茶座、方凳。地面是水泥坡地，"井"字形通道。因为楼下观众席坡度较小，所以舞台建得较高，观众得仰首而观，时候久了脖子不太舒适。观众席有暖气及风扇设备，在当时算是比较先进的了。

长安大戏院位置好，设备也算先进，所以金少山、尚小云、程砚秋、荀慧生、谭富英、李万春、郝寿臣等名角都到这儿演出。所以，当时北平四九城流行着一句话："吃烤鸭、爬长城，看戏还得来长安。"

七七事变后，营业戏也是一蹶不振。长安大戏院多次主办营

---

① 《北京京剧百科全书》，京华出版社2010年12月第1版，第32页。

业性合作戏，就是把名角拢到一块，荟萃一堂合作演出。1941年7月23日晚场，中华戏校毕业生举办校友消夏大会，很有吸引力。1943年8月30日晚场合作戏，就有李多奎的《钓金龟》，萧长华、叶盛兰的《连升三级》，孙毓堃、侯喜瑞等的《连环套》，尚小云、奚啸伯、姜妙香等的《御碑亭》中的折子戏，大轴是谭富英、金少山、张君秋合演的《二进宫》，深受戏迷的欢迎。

杨老板看到话剧能赚钱，就把话剧请进长安大戏院。像《日出》《赛金花》《茶花女》《复活》《秋海棠》等话剧都在这里演出过，著名演员白杨、张瑞芳、舒绣文、谢添等都在这儿登台献艺。自办剧社是长安大戏院的一个特点。1943年9月9日，以老板杨守一为社长的长安剧社成立，主要演员有谢添、陈方千、陆丽珠、白薇、白山等，首排的剧目就是《福尔摩斯》，上座不错，就是投资大，只能落个收支平衡。1944年3月中旬，汇集南北剧人的南北剧社成立，杨守一当副社长；6月11日，大型宫闱史剧《明思宗》在长安大戏院上演。

长安大戏院为了生存发展，还搞起了多种经营。开业不久，就买了台进口的冰棍儿机，日产冰棍儿8000支，每根卖3分钱，这在当时的北平绝对是件新鲜事，也为戏院增加了一笔不小的收入。1938年春，戏院又把二楼的观众休息厅、三楼大厅开辟为长安大餐厅，完全按照西餐厅的标准装修布置，供应西式大餐、套餐，各种酒类。餐厅卖套餐不挣钱，主要为了招徕顾客和观众。那年月也有不少追求洋派生活的有钱人，来这儿听戏吃西餐，这才是赚钱的买卖。

1941年5月19日,《三六九画报》刊登了一则启事"长安大饭店谢各位来宾",长安大戏院办起了有60间客房的饭店,还设有对内、对外的餐厅。来这儿演出的外埠戏班子,都安排在饭店吃住,肥水不流外人田。[①]1943年7月3日,长安大戏院在《三六九画报》又刊登了一则广告"长安大餐厅屋顶花园开幕"!所谓屋顶花园就是利用剧院屋顶,摆放花草、布置桌椅、留声机播放音乐,晚风习习,尝西餐、品冷饮、喝啤酒,别有一番感受,很受欢迎。太平洋战争爆发后,北平人连正经粮食都看不见了,只能吃混合面儿,长安餐厅也断了啤酒等原料来源,1942年餐厅只好关张。[②]

1949年1月31日,北平和平解放后,随着解放大军进城的脚步,解放区的秧歌剧也"扭"进了古城北平。由华北联合大学文工团李键庆和李翎编剧、张鲁作曲、孙维世导演的小秧歌剧《一场虚惊》在长安大戏院上演,让人感到耳目一新。1950年夏季,毛主席、周总理等中央首长在这里欣赏李少春、叶盛章演的《三岔口》,梅兰芳、刘连荣的《霸王别姬》。

1949年3月,以市政府副秘书长李公侠为主任委员的剧场管理委员会成立,负责接管全市各家剧场,接管长安大戏院是毕业于延安"鲁艺"的徐行白率领的工作组。经过近两个月的协商

[①]1953年,长安饭店改建为解放军某部招待所,后迁至前门外打磨厂改称"长安旅馆",1955年改为国营。
[②]侯希三著《长安大戏院探往》,《北京史话④北京老戏园子》,中国城市出版社1999年12月第2版,第261~299页。

长安大戏院旧影

决定：正、副经理去职，荣慰之等10余人留任，其余一律解散，被解散的正式职工每人由政府和资方各支付3个月的工资作为解雇费，另谋出路。政府以每年3万斤小米的租金租赁长安大戏院3年，1953年合同期满后又续订了合同，月租金980万元（旧币，后1万元改为1元），预付8个月，租期5年。1955年肃反运动中，杨主生因历史问题被捕，长安大戏院被没收，合同遂告终止。5月1日，长安大戏院被政府接管。

几度秋雨、几度沉浮。1958年起，长安大戏院归北京京剧团领导；1960年，划归北京越剧团，重点演出越剧；1961年起，划归北京昆曲剧院；1966年至1976年，极少演出；1976年唐山大地震后停业；1979年修复后加入中华人民共和国成立30年大庆演出活动；1989年4月6日，因防火安全等隐患不得不停业；1990年10月12日，北京市人民政府第24次常务会议决定：批准市地铁公司《关于地铁西单车站西南出入口及风亭建设需拆迁"长安大戏院"的请示报告》，1991年长安大戏院被拆；1996年9月27日，新建的长安大戏院在长安街建国门内7号新址开幕。

位于长安街建国门内7号新址的长安大戏院

新建的长安大戏院正面采用时尚宝石蓝玻璃外观，顶层仿金色琉璃瓦，保留了中国宫廷建筑的传统风格。大厦外面正前方矗立一座京剧脸谱艺术雕像，简约生动。始终坚持"长安不能没有京剧，但长安不能只有京剧"的宗旨，在很大程度上保留了民间经典剧目，定时上演，满足老戏迷的观赏要求和品位。同时实行多种艺术形式兼容，以达到吸引青年和儿童观众的目的。

欧亚照相馆

现如今知道欧亚照相馆的人不多了，那可是咱老北京土生土长的老字号照相馆。100多年前，年轻小伙儿王雨安（别号王星玖）离开家乡京东通县，只身闯荡京城。他先落脚专营照相器材的茂玉林照相器材店打工，脑子活络加上肯吃苦，没几年就熟悉了业务，与西交民巷的洋人也建立了极好的业务关系。

1932年，王雨安利用多年的积蓄，在西单北大街164号开了家只有一间半门脸儿的照相馆，名号欧亚照相馆。据王雨安的嫡孙女王慕婕说，当年祖父为照相馆取名，"欧"表示当时的照相从技术到设备大都来自欧洲，"亚"代表对亚洲尤其是中国照相行业的期待。凭着多年的经验，王雨安对照相设备材料的变化特敏感，加上与西交民巷洋人熟络，发展很快，很快就名噪京城。那年月照相机不像现在的数码相机，轻便灵活。欧亚最早的相机是笨重的大座机，相机外是风箱，师傅每次把头伸进风箱对焦。若是遇上大合影对焦不准，就得叫别人帮忙在合影人群前面点上蜡烛，拍摄时以烛光对焦。

1942年，王雨安去世，其子王旭东子承父业。20世纪50年代公私合营，欧亚照相馆先后兼并了西四丁字街的西安照相馆、宣武门内的大陆照相馆，照相馆也由一间半门脸儿扩至4间半，聚集了不少优秀人才，不断创新照相技艺、手段。他们把洗相的药水改成"软、中、硬"3种，洗出的照片层次丰富、影调柔和。就连喜爱照相、自己洗相片的中小学生都离不开它。暗室师傅徐鹤玺、王启超共同研制出了照相电子快门和暗室曝光时间控制器，这项革新大大提高了拍摄儿童像的质量和暗室冲洗工艺的劳动生产率。赵锡良师傅有段时间白天为顾客拍照，晚上则为中央首长拍照，如彭德怀元帅、杨成武上将、张宗逊上将、许光达

20世纪20年代的照相馆用日光照相

1961年的欧亚照相馆

司令员、吴克华司令员、蔡顺礼中将、潘复生中将等等。著名科学家钱三强、胡德榜、杨振宁博士，艺术家马连良、张君秋、侯宝林、马泰、赵自述等常到欧亚拍照。

装版、手工上色、修版等是照相技术的绝活儿。为了提高技术水平，欧亚每年专门举行修版技术练兵。比如故意让人睁一只眼闭一只眼照相，照完后要求技师们把那只闭上的眼睛修得与睁开的一模一样。穿着便装修成正装照、空手照相修成手拿烟斗，这在欧亚都是小事情。著名相声大师侯宝林身穿汗衫原照经欧亚修版后，变为头戴礼帽、着正装的照片，那叫一个绝。

欧亚还是西城照相馆中最早使用立式放大机的，毛主席、朱德总司令都曾在欧亚放大24寸照片。中央编译局出版的马克思、恩格斯、列宁的照片，也是在欧亚照相馆翻拍制作的。[①]

[①] 高鸣时著《西城照相业的历史缩影——欧亚照相馆》，载北京市西城区政协文史资料委员会编《西城名店》，1995年12月内部发行，第124~127页。

1984年，欧亚在原址进行改扩建，总店经营面积由400平方米扩大到600平方米，引进了一流水平的彩扩、放大设备，经营项目除照相、冲晒、修理相机和照相器械外，又增加了婚纱、礼服照、儿童照和工业摄影。1988年，西单北大街拆迁改造，欧亚暂迁入西单劝业场。1998年，建设西单广场，西单劝业场又拆了，欧亚照相馆只好到赵登禹路安家，就此离开了西单。

毋庸置疑，数码摄影技术的冲击前所未有，传统胶片摄影已经是明日黄花，那些胶片时代的绝活儿已经没有用武之地。于是，欧亚照相馆从赵登禹路消失了，那里变成了一家当铺。

国泰照相馆

1956年，为了繁荣北京的服务业，在周恩来总理的倡导下，北京市副市长万里从上海动员了6家企业迁京，其中就有国泰照相馆。国泰照相馆1944年在上海繁华的商业区南京东路559号开业，业主最早是蒋经国的一个同学，二掌柜的叫沈章松。沈章松本来是个在西湖边上照相耍手艺的，技术不错，被蒋经国的同学请到上海。国泰当时在上海很有名气，最擅长拍婚纱礼服相。上海解放前夕，老板跑了，沈章松白得了一个照相馆。

进京后，国泰在西单北大街189号落户，这儿解放前是大陆银行的一个网点，上、下两层小楼，150平方米左右。迁京后，国泰从专营结婚礼服摄影扩大到大众化的艺术人像摄影。精湛的技艺、新颖的化妆、上乘的服务、淋漓尽致的表现手法，深得北京市民的喜爱。一到节假日，照相的顾客应接不暇。历史学家吴晗、演员王晓棠、

1961年的国泰照相馆

歌唱家胡松华、京剧表演艺术家张君秋等都是这儿的常客。大型图片《国庆十年成果展》《毛泽东生平组照》《周恩来生平组照》《红太阳组照》以及20世纪60年代的毛主席像等都是这儿制作的。[①]

1974年，国泰进行改扩建，场地扩大到1200平方米。1975年，开始研制彩色感光材料冲洗工艺；1983年，在北京最先与富士、柯达公司开展合作，引进了先进的大型彩色冲、扩、放系统，成为北京规模最大、服务项目最多、功能最全的照相企业。为最大限度发挥国泰照相馆在照相行业的领军作用，西城区成立了国泰照相中心，西城的大大小小照相企业如白雪照相、德外照相、南礼士路照相等都成为国泰照相中心的成员，与新出现的婚纱影楼一起，给摄影市场带来一片勃勃生机。

---

① 高鸣时著《享誉京城的国泰照相馆》，载北京市西城区政协文史资料委员会编《西城名店》，1995年12月内部发行，第128~130页。

1989年5月，由于西城区商业结构调整，国泰暂停营业。1995年，国泰在新街口南大街46号开业，拥有本市最大的摄影棚、一流的设备及超强的摄影阵容，给人以全新的视觉享受。

几经搬迁，国泰在西四南大街33号落户，2011年4月重张开业，隶属于北京国泰中天照相有限公司，国泰人继承着"环境优雅、服务上乘、设备先进、质量一流、中档定位、取信于民、人无我有"的特色，以全方位的服务，满足各类消费者需求。2013年10月31日，国泰照相馆迁址海淀区火器营路1号。

北京图书大厦

西单路口东北侧的北京图书大厦总建筑面积5万多平方米，是北京国有书店中规模最大、经营品种最丰富、最早运用信息化技术和管理模式的旗舰书城，堪称全国"第一书城"。

北京图书大厦的建设要追溯到1956年。当年，北京市新华书店的前身——新华书店北京分店在规划网点建设时，提出了要在北京建设图书大厦的初步设想。北京市领导对此很重视，将其列入北京市规划建设项目并上报了中央。1958年8月，正在北戴河参加中央政治局扩大会议的周恩来总理审阅了项目方案，并亲自主持批准了这个项目，并最终选址在西单路口即现在大厦的所在地。时任国务院副总理的陈毅得知这一消息后很高兴，为此赋诗一首，留有"我们还要建图书大楼"的诗句。

改革开放后，北京图书大厦于1993年破土动工，1998年5月18日正式建成开业，为西单商业区增添了浓郁的书香。大厦地下3层，地上8层，是当之无愧的"地标书店"。大厦以图书和音像制品为主，兼以各类文化产品为辅的多元化经营为特色，出版物陈列品种达33万种，较好地展示了我国出版发行业的整体风貌。大厦全面实行计算机管理，开放式陈列开北京市图书发行业超市化管理之先河。1~4层分别经营社会科学图书、少儿读物和文学艺术类图书、文化教育类图书、科学技术类图书及音像制品。

北京图书大厦以"时代特色高起点，文化品位高层次，知识氛围高水平，塑造品牌高水准"为原则，坚持传播先进文化，高扬时代主旋律，承担着文化企业的社会责任。每当党和国家有政治读物首发任务的时候，总是第一时间摆上柜台。

北京图书大厦坚守社会主义精神文明建设的重要社会责任。1999年，与国内4家出版社联合举办"百年文学展"；2003年，成功举办《欧盟国家短篇小说选》首发式；中宣部、国家新闻出版广电总局多次以北京图书大厦为第一现场，举办包括纪念建党85周年主题活动、纪念红军长征胜利70周年"红色读物"展示展销活动，向来京务工人员子女学校捐赠图书仪式等，取得良好的社会反响。每年大厦组织"专家讲师团"，走向社会、走入校园，巡回举办科普和自护技能讲座。

北京图书大厦几乎每天有活动，每周有讲座，每年都组织新

北京图书大厦

书首发式、作者签名售书等各种形式新颖的销售活动。为中英文版的《哈利·波特6》《话说中国》《鲁迅全集》《泄露天机》等多种重点图书大造声势,举办"科技周""科技文化节""旅游文化周"等各类主题活动,通过暑期读书新计划、夏令营、读书月、家庭图书馆等一系列读书活动,将百姓请进书店,为净化出版物市场做出了突出贡献。阎崇年、易中天等学者,王蒙、刘心武、毕淑敏、苏童、郭敬明等老中青作家,耿其昌、李维康、崔健、陈丹青等知名艺术家,宋丹丹、李宇春、赵薇、范冰冰、郑伊健、伊能静等演艺明星,都在这里为新书首发举办过签售活动。[①]

1999年以来,北京图书大厦连续3年在国家新闻出版广电总局组织的"讲信誉 重服务"全国社店互评活动中被评为全国第一店;2000年,被中华全国总工会授予"全国职工职业道德

[①] 金舒著《北京图书大厦当之无愧的"地标书店"》,中国新闻出版网2008年5月16日。

建设十佳单位"；2001年，被中国书刊发行行业协会授予"中国书刊发行行业双优单位"称号，被中国出版工作者协会、中国软件行业协会等部门授予"全国销售电子出版物信得过单位"；2002年，被全国少工委办公室、中国教育学会少年儿童校外教育专业委员会命名为"全国少工委'雏鹰热线'心理健康咨询服务基地"；2003年5月，荣获中华全国总工会集体"五一"劳动奖章；2005年获得中央精神文明建设指导委员会"全国精神文明建设工作先进单位"称号。

西单文化广场

西单路口东北角，解放前是小商小贩聚集的地方；中华人民共和国成立后，北京市政府把商户整合进了西单商场大棚，在这里建起的西单体育场，与东长安街的东单体育场遥相呼应，成为长安街上的两颗市民活动的"明珠"。

改革开放后，西城区体育局又在这地界建起了西单劝业场，教育书店、科技书店、外文书店等十几家书店和阿静、肯德基等餐馆、快餐店人气很旺，东侧的服装鞋类市场比现如今的"大红门"和之前的"动批"还热闹。

1999年中华人民共和国成立50周年大庆前，拆除西单劝业场建了西单文化广场。西单文化广场闹中取静，分为地上、地下两部分。地上为文化广场，中心为下沉式广场，升起的草坡、"筝筝日上"的雕塑，通过透明的锥形玻璃顶将自然光线引入地下商业空间。地下包括地铁换乘通道、地下过街通道、下沉广场和汽车库，地下一层沿通路两侧设有餐厅、商铺、电影院。

历史的脚步不停地前进。2007年，为迎接2008年北京奥运会，再次融入巨资对西单文化广场进行改造。2008年7月23日，北京西单文化广场新装亮相。原来的代表性建筑物锥形玻璃顶被拆除，取而代之的是开放式喷泉；广场中央的下沉元素被取消，取而代之的是平坦宽阔的毛石铺地；南部草坪被取消，设置了阵列的树木和照明灯具；西单牌楼在拆除多年之后被重新竖立起来，

20世纪90年代的西单文化广场

凸显中国元素。

西单文化广场 77 街是京城第一家以服务于年轻人为特色的集时装与娱乐为一体的购物中心，并有大规模室内冰场和四维电影院。

红色·西单

坐落于西单石虎胡同的蒙藏学校是我国历史上第一所少数民族高校。五四运动中，其学生代表荣耀先与瞿秋白、许德珩、张国焘等共同发起成立北京学生联合会。李裕智、云泽（乌兰夫）、多松年、朱实夫等都曾就读于此，在这里种下了革命的种子。位于大木仓胡同郑亲王府的中国大学，其前身为国民大学，是根据孙中山的意愿，由宋教仁亲手筹办并任首任校长。鲁迅、胡适、马寅初、张申府等许多名人都曾在中国大学任教。绰号"小白龙"的传奇人物白乙化，就是中国大学的毕业生。

蒙藏学校的红色种子

1912年，蒙古贵族贡桑诺尔布（俗称贡王）出任参议院议员、蒙藏事务局（两年后改称蒙藏院）总裁，总管边疆和民族事务。贡王性情恬静，通晓蒙、满、汉、藏文字，是个力图变革图强的新派王公。[①]他呈报大总统，设立中华民国后第一所专门招收蒙古族学生的国立官费学校——蒙藏学校。

1913年3月，蒙藏学校在西黄城根西南转马台内的孙家花园成立，聘请达挈甫为校长，学生来自前清理藩部所属咸安宫、唐古忒学、托特学和光绪年间设立的蒙古学等校的学生。课程开始只设政法（补习班性质），后来增设蒙古文，其余课程与普通中学相同。由于孙家花园教室少，离学生宿舍又远，经费困难，蒙藏学校停办了数月。1916年8月，北洋政府财政部把西单石虎胡同8号院毓公府租给蒙藏学校办学。"本校租到财政部官产处官房一所，坐落于石虎胡同，共计大小房屋103间。约定租期以10年为限，每月付给岁修费洋70元。"11月复课时，蒙藏学校就迁到了西单石虎胡同。1932年，蒙藏学校又购置了石虎胡同7号院（即松坡图书馆）。

[①]冯其利著《寻访京城清王府》，文化艺术出版社2006年9月第1版，第244页。

蒙藏学校章程规定，先办预科，教授中学课程，再升格大专。1918年4月，第一批预科学生毕业，进入法律专科，学校改名为蒙藏专门学校，简称蒙专，这是我国历史上第一所少数民族高校。

1919年五四运动中，蒙专学生积极参加游行示威，并在《晨报》上以《蒙藏学界之愤激》为题，刊登了蒙专学生的罢课宣言。学生代表荣耀先[1]与瞿秋白、许德珩、张国焘等共同发起成立北京学生联合会，以"蒙专一百三十人"的名义参与签署《致巴黎专使电》《致巴黎和会电》等爱国文电。

在李大钊的鼓励下，荣耀先回到家乡土默特旗，动员蒙古族学生到北京蒙专求学。土默特本来是蒙古族历史上一个部族的名称，后来这个部族中大部分人定居在大青山南北，即现如今的呼和浩特周围，于是也把这个地方称为土默特。

1923年秋，李裕智[2]、云泽（乌兰夫[3]）、吉雅泰、孟纯、云润、

---

[1] 荣耀先（1896—1928年）：蒙古族，字辉庭，号一介，蒙古名谦登若宪，1923年夏加入中国共产党，是蒙专第一个中国共产党党员。1926年投身北伐，后任北伐军团长。1928年在战斗中英勇牺牲，年仅32岁。

[2] 李裕智（1901—1927年）：蒙古族，字若愚，又名巴吐尔鳌。1924年在北京蒙专加入中国社会主义青年团，同年转为中国共产党党员。1925年春，任中共包头工委书记。1926年秋，任内蒙古人民革命军副总指挥兼第一路军司令。1927年10月，率部东渡黄河途经毛乌素沙漠时，被反动分子杀害，年仅26岁。

[3] 乌兰夫（1906—1988年）：蒙古族，曾用名云泽、云时雨，1923年12月加入中国社会主义青年团，1925年9月转为中国共产党党员。曾担任第五届及第七届全国人大常委会副委员长、第五届全国政协副主席、中共中央统战部部长、中华人民共和国副主席。

多松年[1]、奎璧[2]、赵诚、朱实夫、佛鼎等39名蒙古族学生来到蒙专就读。进入蒙专后不久，就遇上为反对丈量土地进京请愿的土默特旗农民代表。于是，他们主动加入了请愿行列，为家乡农民代表出谋划策、鼓劲助威。这场斗争持续了一个多月，虽然没有取得实际的效果，但初步显露出这批蒙古族学生的革命精神。

多松年

由于学生声援了土默特旗农民代表反对丈量土地的斗争，1923年冬，北洋军阀政府报复学生，取消学生的官费待遇，企图逼迫贫困学生退学。于是，他们又发起要求恢复官费制的斗争。

同学们推举代表找校长章武博士讲理，指出取消官费就等于断了贫困学生的食粮，还怎么学习？章武校长同情学生但又无力改变北洋政府的决定，只好向社会募捐。但没过多久，北洋政府知道章武校长没有按政府的"法令"办事，就撤了他的校长职务，

---

① 多松年（1905—1927年）：蒙古族，原名多寿，1923年加入中国社会主义青年团，任蒙专团支部负责人。1924年转为中国共产党党员，担任蒙专党支部书记。1927年4月，出席中国共产党第五次全国代表大会；同年8月中旬，在张家口大境门英勇就义。

② 奎璧（1903—1986年）：蒙古族，字子璋，曾用名刘卜一。1924年加入中国社会主义青年团，1925年转为中国共产党党员。1947年任内蒙古自治政府民政部部长。中华人民共和国成立后，相继当选第八届中央候补委员、中央顾问委员会委员。

派政客王维翰来当校长。

王维翰一上任，就张贴布告禁止学生参加各种社会活动，不准罢课游行，开大会准备训斥学生。没承想，大会还没开始，他就让学生质问得无话可说、瞠目结舌，跳下台跑了。一个星期后，当过警察局局长的金永昌来当校长。他在大会上拍着桌子向学生吼叫：没有钱就回家种地去。以后谁再闹事，轻则开除，重则送警察局。一听这话，学生们拥上主席台，围住了金永昌。一见事情不妙，金永昌赶紧换了一副笑脸，说一定和政府交涉，然后溜之大吉。刚刚贿选上台的北洋大总统曹锟没精力管蒙专的"闲事"，就派了一个较为开明的知识分子吴恩和来当校长，不久恢复了官费制，学生的斗争取得了胜利。

中共中央驻北方代表李大钊及中共北京区委（1925年10月后改称中共北方区委）的邓中夏、赵世炎、张国焘等人，为这些蒙古族青年创办马克思主义研究小组，提高他们的理论觉悟，为在蒙专建立党、团组织做准备。研究小组活动地点不固定，时间也是临时通知，荣耀先每次都积极参加，从不缺席。1923年夏，荣耀先加入了中国共产党，成为蒙专第一个中国共产党党员。1924年春，奎璧、吉雅泰、多松年、乌兰夫、赵诚、佛鼎、李裕智、孟纯、王祥、傅汝梅、崇善、云霖、荣继璋、福祥、赵璧成、荣继珍、李春荣、朱实夫、云盛、任殿邦等38人经蔡和森、韩麟符、朱务善等介绍加入了中国社会主义青年团。3月30日，蒙专团支部成立。

1924年秋，李裕智、多松年、孟纯、王秉璋、佛鼎等先后加入中国共产党,中共蒙藏学校党支部成立,这是中国共产党历史上第一个由蒙古族党员组成的党支部,也是中国共产党历史上第一个由少数民族党员组成的党支部。1925年9月,奎璧、乌兰夫、赵诚、高布泽博、云润、贾力更等由社会主义青年团转为中国共产党党员。①

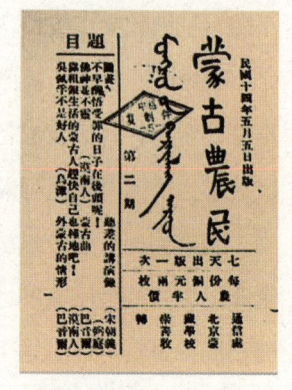

《蒙古农民》

在李大钊的启发下,多松年和乌兰夫、奎璧3个人办起了内蒙古的第一个革命刊物《蒙古农民》(32开本16页)。第一期开篇只有16个字的短文:"蒙古农民的仇敌是——军阀、帝国主义、王公"。其中一篇文章一针见血地指出内蒙古农民有3个坏命运:"一是军阀压迫剥削,二是王公专制压迫,三是帝国主义侵略掠夺。"第一期还刊有两首小诗:

"天光光,地光光,军阀不倒民遭殃!天光光,地光光,王公不倒民悲伤!天光光,地光光,列强不倒哭断肠!"

"张(作霖)才去,吴(佩孚)又来,街上死人无人埋!张又来,吴又去,前后唱的一台戏!盼星星,盼月儿,盼人不如盼自己。"

《蒙古农民》设有政论、诉苦、醒人录、好主意、蒙古族等栏目,以鲜明的态度、通俗的语言、活泼的形式,宣传打倒军阀、王公和帝国主义,被确定为蒙专党组织的刊物,并发行到呼和浩

---

① 赵秀德著《大革命时期的北京蒙藏学校》,载《北京党史》1996年第4期。

特、锡林郭勒和乌兰察布等地区的农牧民手中。《蒙古农民》虽然只出过 4 期,但在宣传党的主张、推动内蒙古革命运动上产生了深远的影响。

　　这期间,蒙藏学校党员先后参加了纪念二七大罢工、声援五卅运动、悼念列宁、欢迎孙中山北上和召开国民会议促成会全国代表大会等大型活动的服务工作。活动中还有一些有意思的故事。1925 年 2 月,在北大三院召开纪念列宁逝世两周年大会时,多松年和佛鼎、云润 3 个人负责把门检票。当苏联大使馆的人来参加追悼会时,3 人一看是蓝眼睛黄头发的外国人,就警惕起来,把他们挡在外边详细盘问。可他们 3 人都不会说俄语和英语,这几个苏联大使馆的人也说不好汉语,比画了好一阵,谁都不明白对方啥意思。无奈之下,其中的一个人写了一张条子,请他们送上主席台。负责会议组织的人看过条子后,很快派人出来把这几个苏联人接了进去,并告诉多松年,这是特别邀请的苏联大使卡拉汗同志。第二天,李大钊专门把多松年找去,跟他谈了国际主

1923 年 11 月,绥远蒙古族旅京学生与在京供职人员合影。前排左五为云泽(乌兰夫)

鸟瞰拆建中的西单民族大世界

义问题。李大钊详细讲述了全世界无产者联合起来的道理,然后开玩笑地说:"你见了高鼻子蓝眼睛的人就当资本家和不法商人,难道遇到斯大林同志也会跟他干一场吗?"多松年不好意思地说:"我不会跟斯大林同志干一场,我见过他的照片,见到本人我肯定也认识他。"[1]

到 1925 年 1 月,蒙专全校 120 名学生中已有 90 名中共党员和青年团员。1925 年 10 月,多松年、乌兰夫等同学一起赴莫斯科学习。一些党员被分送到广州农民运动讲习所、黄埔军校学习,还有一部分到蒙古人民共和国学习,李大钊称赞他们是"新生力量,革命的财富"。[2]

---

[1] 吴艳著《生生不息的种子——追记诞生在蒙藏学校的第一个少数民族党支部》,载《中国民族报》2011 年 6 月 3 日。

[2] 郭晓钟著《国立蒙藏学校的红色足迹》,载《北京日报》2013 年 4 月 2 日。

"桃李满天下"的中国大学

西单北大街路西大木仓胡同郑亲王府的中国大学,那可是在中国革命史上需要重重写上一笔的大学。

1912年8月24日,孙中山先生应袁世凯之邀来到北京。在京停留期间,他决定在北京创办一所国民大学,并委托在袁世凯政府中任过农林部部长的宋教仁负责筹办。宋教仁被董事会推举为首任校长后,向政府争取到白银84500两作为开办经费。当时在前门西城根有一家名叫"愿学堂"的学校,同意出租校舍。董事会又在"愿学堂"西邻购买了一块地产,加以添置改造,建成了早期的校园(今前门西大街13号北京市第29中学)。

首任校长宋教仁1913年3月在上海被刺身亡后,董事会又推举黄兴为第二任校长。1913年4月13日,国民大学鸣响校

钟，正式开学，首期学生有1300余人。黄兴发动"二次革命"后，袁世凯政府1913年底将国民大学封闭停办。从此学校由官办改为民办，所需经费来自各界人士的捐助。

1917年，国民大学改称中国大学，1925年迁往郑亲王府新校址。鲁迅、胡适、马寅初、张申府等许多名人，都曾在中国大学任教。李大钊曾连续5年在中国大学教授政治经济学。中国大学学生参加了"五四"运动、"一二·九"运动等历次革命运动。在1935年"一二·九"运动期间，反动军警曾闯入学校抓捕爱国学生。爱国学生还在学校的"逸仙堂"举办过被打学生的血衣展览会。1949年3月，中国大学因经费匮乏停办，部分院系合并到华北大学和师范大学，所遗校舍成为教育部的办公场所。

中国大学开办36年来，共有毕业生近2万名，可谓群星璀璨，[①]

中国大学旧影

[①] 中共北京市委党史研究室编著《中国大学革命历史资料》，中共党史出版社1994年8月第1版。

绰号"小白龙"的白乙化，就是中国大学毕业生中极其传奇的人物。

白乙化身高1.85米，留着大胡子。那胡子又黑又密，打着旋儿向上倒长，引人注目。他不仅相貌奇特，经历更是传奇。

1911年，白乙化出生在辽宁省辽阳县石场峪村。1929年，为了寻找救国真理，他毅然中断了在东北军讲武堂步兵本科的学习，来到了北平，考入中国大学，并于1930年加入了中国共产党。1931年九一八事变后，他怀着"如能战死在抗战杀敌的战场上，余愿得偿矣"的决心，从北平只身潜回辽阳家乡，以几杆步枪起家，拉起一支3000余人的"平东洋抗日义勇军"。打鬼子，杀汉奸，转战辽西热东，打出了"小白龙"白司令的赫赫威名。

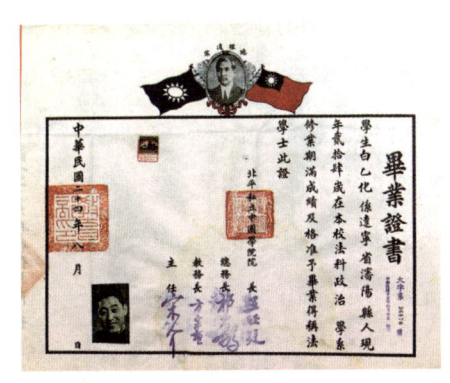

白乙化的中国大学毕业证书

1933年，白乙化的义勇军被国民党军队骗入冷口，强行解散，他只好又回到中国大学继续读书。1935年毕业后留在中国大学任职。不久，他率领中大学生投入北平爱国运动，成为名载"一二·九"运动史册的一员"虎将"。

1937年全面抗战爆发后，白乙化组织垦区暴动，指挥暴动的学生武装，渡黄河、穿沙漠、战雁北，东进抗日。1939年初，他又回到北平。看到生活在"膏药旗"阴影下北平人民的苦难生活，他怒火中烧，热血沸腾，奋笔写下10个字："余愿得偿矣，杀敌在今朝"。

1939年2月，萧克将军把刚组建的华北人民抗日联军交给了白乙化。这是一支由知识分子和农民结合组成的武装，连以上干部大都是从垦区来的大中学生，战士则多是从冀东暴动出来的农民。经过整训，初试锋芒，这支队伍就在门头沟的楼儿岭吃掉日军一个大队，打出了中国人的志气和威风。战斗中，白乙化发现日军指挥官用旗语指挥战斗，便端起步枪，3枪击毙了3个日本旗语兵，第4枪又把日军指挥旗打飞。战得兴起，他端起刺刀亲自率战士杀入敌群。只见他浓须倒竖，怒吼如雷，左挑右刺，刀锋指处，血溅尸陈。经过两日血战，300多名日军尸横山野，大岛大队长当场丧命，奥村中队长等3名军官逃进一座山神庙，无路可走，集体上吊自杀。

1940年1月，华北人民抗日联军改编为八路军晋察冀军区第10团，白乙化任团长。10团是八路军中独一无二的"知识分子团"，在白乙化的率领下，驰骋平西，大展神威。1940年2月，10000余日伪军大举围攻平西根据地。10团奉命在青白口、东胡林一线阻挡西路的4000余日军。一架敌机欺负10团没有重武器，低空盘旋，狂扫滥炸。他气红了双眼，举起三八枪率先开火。一阵排射，日机哀鸣着，拖着浓烟坠毁在东胡林我军阵地前。他和他的战士创造了用步枪击落敌机的奇迹。

1940年5月20日，白乙化率领10团主力向平北隐蔽挺进，开辟平北抗日根据地。28日，他率部抵达有"京师锁钥"之称的密云。富有游击经验的他，一眼就看中了山高林密的云蒙山区。为了掩护地区开辟，他率主力一营大张旗鼓地跨过长城，杀入伪满洲国境内。在攻击丰宁境内的大草坪伪满军据点时，敌人用猛烈的机枪火力把战士压制在50米外的一道土墙后面。他见此情景，向战士要过两颗手榴弹，用独创的投弹法——拉弦、瞄准、转个儿，攥着铁头扔出去。手榴弹像长了眼睛，不偏不斜正从枪眼飞进炮楼。接着又是第二颗。只听"轰、轰"两声巨响，炮楼成了烟筒子。

白乙化的部队犹如一条矫健灵活的游龙，在伪满境内忽东忽西，纵横驰骋。日伪惊呼："延安的触角伸进满洲，扰乱了帝国新秩序！"他率领部队所取得的胜利，为开辟抗日根据地创造了有利环境。1940年6月正式成立了丰（宁）滦（平）密（云）抗日联合县。一块新的抗日根据地在日伪的"模范统治区"中诞生了。连接冀东、平西两大根据地的交通走廊开通了。

丰滦密抗日联合县对日伪来讲，犹如芒刺在胸。1940年9月11日开始，4000余日伪军对白河两岸发动了78天大"扫荡"。面对强敌，白乙化制定了"敌进我进，内外线结合"的反"扫荡"战术方针。3营留在中心区牵制"扫荡"的敌人，他率主力1营在长城以北和石匣、古北口两个重镇之间打击敌伪，开辟新区。"扫荡"之敌被他的游击战搞得精疲力竭，损兵折将。后院又四处起火，频频告急，只得于11月底草草收兵，分头回撤。

1941年2月4日，伪满道田讨伐大队进犯根据地，在密云县马营西山很快被10团击溃，残敌躲进一座长城楼子里负隅顽抗。白乙化见状不顾危险，跃上西山顶的一块大青石，挥动令旗高声命令1营营长："老亢，给我冲！"喊声未落，敌人一颗子弹击中了他的头部。

战斗胜利了，而他——传奇的抗日英雄"小白龙"白乙化，却永远倒在抗日根据地的沃土上，时年29岁。

位于密云县的白乙化烈士雕塑

中国大学桃李满天下，可谓人才济济，为一时之盛。

1933年秋，中共地下党员董毓华考入中国大学政治经济系。1935年12月9日，他以北平学生联合会主席的身份参与组织领导了"一二·九"抗日救亡的学生爱国运动。1939年6月，因积劳成疾，在中共冀热察区委秘书长、华北人民抗日联军司令员任上病逝，时年32岁。曾任铁道部部长、党组书记、中共北京市委第一书记、中顾委常委的段君毅（1910—2004年），1932年夏考入中国大学政治经济系，1935年毕业。曾任中共广东省委第一书记、广东省军区第一政委、中顾委委员的任仲夷（1914—2005年），1935年在中国大学就读期间参加"一二·九"抗日救国学生运动，1936年5月加入中国共产党，1936年任中共中国大学党支部书记。中国共产党第九届和第十届中央委员、北京军区副政委吴涛少将（1912—1983年），1935年毕业于中国大学政法系。华北军区政治部副主任、中共中央对外联络部副部长、第六届全国人大常委、第三届全国政协委员张致祥（1909—2009年），1927年考入中国大学，直接就读二年级。1933年，在中国大学任教。中顾委委员、中共黑龙江省委第一书记、最高人民检察院检察长兼党组书记、第十一和第十二届中央委员杨易辰（1914—1997年），1935年由天津法商学院转中国大学法律系学习，"一二·九"运动中任中国大学中华民族解放先锋队大队长。

2013年4月13日，中国大学北京校友会在京举办建校100周年纪念活动，51名80岁以上的老校友从全国各地赶来参加。4月9日，北京中山堂和中大校友会联合举办的中国大学百年纪念展览开幕。

辟才胡同大锄奸

1937年七七事变爆发前，北平、天津已经危机四伏，日本帝国主义处心积虑地搞"华北自治"，企图吞噬华北，平津地区抗日救亡运动风起云涌，青年学生纷纷组织抗日救亡团体，天津青年救亡联合会（简称"学联"）就是其中的一支。

七七事变后，北平、天津相继沦陷。1937年冬，原天津青年救亡联合会成员李宝琦、李宝仁、郭兆和、沈栋、沈桢（女）、张澜生、阮荣照（女）等，约好友步丰基、陈晶然、王桂秋等人商量后，决定组建抗日杀奸团（下文简称"抗团"），直接打击日伪分子。

为了凝聚意志、鼓舞士气、加强纪律,"抗团"制定了团训,即:"抗日杀奸,复仇雪耻,同心一德,克敌致果";并规定新"团员"加入"抗团"时,要秘密宣誓,誓词为:

"誓以至诚参加抗日杀奸团,服从指挥,积极工作,保守秘密,如有违反,愿受最严厉的制裁。"

"抗团"成员多为天津耀华中学、南开中学、汇文中学等十几所学校的学生。许多"团员"家境殷实、出身名门望族,如伪满洲国总理郑孝胥的孙子郑统万、孙女郑昆仑,国民党孙连仲将军的女儿孙惠书,民国元老熊希龄的外孙女冯健美,伪华北政务委员会委员、治安总署督办兼伪华北绥靖军总司令齐燮元的外甥冯运修、达仁堂的大小姐乐倩文等。[1]

1939年春,孙大成、李振英、周庆涑、郑统万等一些"抗团"成员也先后到北平上学。依托在北平的"团员",孙大成等骨干建立了北平抗日杀奸团。之后,北平"抗团"秘密在育英中学、贝满女中、志成中学等校发展"团员",扩大队伍;还编辑小册子,教新团员了解日军编制、搜集情报、跟踪敌人、使用武器和制造燃烧弹等方面的知识、常识。

北平"抗团"负责人最初是孙大成,1939年7月后为北京大学工学院学生李振英。北平"抗团"下设调查组、行动组和交通组。调查组主要负责调查、了解日军头目及汉奸的行踪、行动

---

[1] 祝宗梁著《"抗日杀奸团"回忆录》,载孙郁、黄乔生主编《国难声中》,河南大学出版社2004年4月第1版。

规律，以及日伪当局的军事、经济情报等，主要成员有叶于良、纪树仁等；行动组主要负责暗杀日伪头目、实施爆破等任务，主要成员先后有李振英、冯运修、刘永康、叶于良、孟庆石等；交通组主要负责交通联络、传递情报、运送武器等，主要成员先后有王知勉、马普东、王肇杭等。各组成员并不十分固定，根据任务不断变化，在这个行动中是调查组的，在下一个行动中就可能变成行动组或交通组成员。不过，女"团员"大多从事交通、调查等工作。

北平"抗团"建立后，开展了一系列的抗日锄奸活动，这次他们把目标锁定在了汉奸舒壮怀。

1928年8月，根据国民政府公布的《特别市组织法》，北平特别市政府决定成立北平特别市工务局，其前身是1914年成立的内务部土木工程处。该局隶属于北平特别市政府，主要职责是管理全市工务事务，包括房屋、公园、公墓及体育场所等建筑事项，市民住房、道路、桥梁、沟渠、堤岸及其他公共土木工程，河道船政管理，广告、路灯管理等。1931年4月，北平特别市改为北平市，"北平特别市工务局"亦随之改称"北平市工务局"。

1937年7月，北平沦陷；12月，日伪当局成立"北京市工务局"；1938年1月，"北京市工务局"改称"北京特别市公署工务局"。伪北京特别市公署

高中时期的刘永康

工务局局长舒壮怀，就是一个为日本人进行市政建设服务的汉奸。

1940年3月29日上午，北平"抗团"负责人李振英率刘永康、孟庆石骑自行车悄然来到辟才胡同旁的太常寺胡同，准备狙击舒壮怀。具体分工是：李振英担任狙击手，开枪刺杀舒壮怀；刘永康、孟庆石负责监视保镖、司机，如有抵抗立即开枪。

一会儿，就见舒壮怀的汽车来了，缓缓地停在辟才胡同自家的大宅门前。李振英、刘永康、孟庆石3人迅速骑自行车从太常寺胡同南口出来，迅速靠近舒壮怀的汽车。只见仆人施永祥上前打开车门，迎接主人下车。就在舒壮怀下车的一刹那，李振英从施永祥身后绕过去，掏出手枪果断向车内射击。子弹由舒壮怀的左肩膀射入从后脊背穿出。也许狙击来得太突然，也许司机、保镖被吓傻了，他们居然没有任何反应。这倒省了刘永康、孟庆石的事。狙击得手，李振英3人迅速由太常寺胡同向北撤退，消失在曲里拐弯的胡同中。①

事后，舒壮怀被送往协和医院，捡回一条汉奸命。仆人施永祥到内二区第五分驻所第十六段报案。接到报案后，伪警察和日本宪兵队的大小头目多人赶到辟才胡同。经过现场勘验，从汽车车篷左边起出铅制子弹头一个。②

狙击汉奸舒壮怀，是"抗团"抗日锄奸的又一壮举。但是，"抗

---

① 刘永康著《囚歌——纪念关押在北京炮局第一监狱外寄人犯收容所的人们》，2009年1月。
② 北京市档案馆馆藏j181-22-8610号——《内二区侦缉队报告舒局长壮怀在公馆门前被匪人击伤左膀情形卷》。

团"在抗日锄奸的过程中，也付出了极大的代价，许多"抗团"成员被捕，甚至牺牲。

1940年8月上、中旬，日军在北平、天津同时进行针对"抗团"的大规模搜捕行动。日军华北特高课和北平宪兵队牵头，行动之前不和北平伪警方联系，避开"抗团"的情报网，直接调动伪满警察进入北

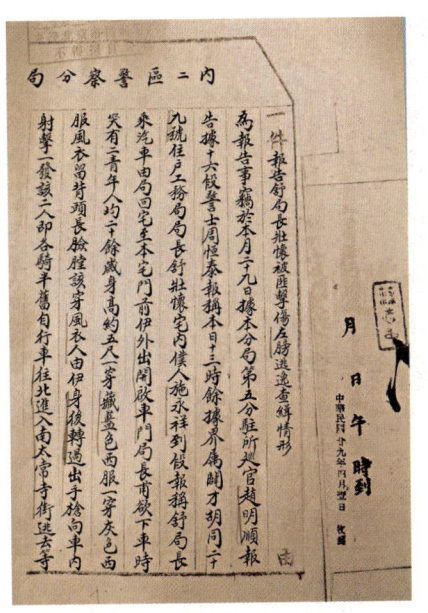

伪警察局当年有关舒壮怀被刺的案卷

平，利用已经掌握的线索对"抗团"成员进行大逮捕。

9月24日，被捕的一部分"抗团"成员被解送到日军华北方面军多田部队军法部（亦称日本军事法庭）在北平炮局胡同的监狱（东院是日本陆军监狱，西院是伪河北省第一监狱外寄人犯临时收容所）。11月24日，日军军法部判决：李振英、刘永康、叶于良无期徒刑，孟庆石有期徒刑10年，周庆涑、王文诚、纪澍仁、曹绍蕙（女）有期徒刑5年，应绳厚、朱惠玲（女）有期徒刑3年，纪凤彩（女）、王知勉、李澄溪、马普东、张家铮、王肇杭有期徒刑1年。另有郑统万、郑昆仑（女）、乐倩文（女）、魏文昭（女）、魏文彦（女）、蒋淑英（女）、屠珍（女）、龚肇机、缪达等人被捕受酷刑审讯后，由家人贿赂获释。年仅18岁的纪

1945年10月10日，中国11战区司令长官孙连仲将军在北平故宫太和殿前举行日本华北驻屯军最高司令官根本博中将投降签字仪式。观礼后，由王文诚、叶于良安排，部分"抗团"同志与其他观礼人员合影

澍仁生病无药医治，惨死狱中。李振英被折磨得患上严重的精神分裂症，直到1945年9月3日才出狱。

1945年9月抗战胜利后，"抗团"停止发展成员。1946年春，孙大成、杨国栋回到重庆，大家一起研究"抗团"的去向，会议最终决定"抗团"解散，条件是：（1）以后不得有任何人以"抗团"的名义从事活动；（2）为了解决一些暂时找不到公职的"团员"的生活，在北平暂发18人的工资，在上海暂发6人工资。至此，"抗团"停止活动，"团员"们有的就学、有的工作、有的出国，除孙大成外，没有人参加国民党的特务组织。

"抗团"的抗日杀奸行动是全民族抗日斗争的一部分。国难当头，民族危亡，挺身而出，"我以我血荐轩辕"，这就是血性，这就是骨气，这就是脊梁。"抗团"抗日锄奸的救国牺牲精神是值得传颂讴歌的。

九九照相馆

　　1949年北平和平解放前，西单商场这地界的6个商场里头，大大小小挤了15家照相馆。九九照相馆因为开业时北平已经有98家照相馆，到它这儿正好是第九十九家，故名"九九照相馆"。

　　九九照相馆在福寿商场的二楼，紧邻着好莱坞照相馆，只有一间小屋子。到了1948年，生意太冷淡，实在撑不下去了，九九照相馆只好转让。接手的是位帅气的小伙子，他用6两黄金把照相馆盘了过来，铺面、营业执照、照相设备全包括在内，照相的李师傅也留下来了。

　　重张开业后，九九照相馆也不见有多大起色，只照一英寸的学生证照片。但是，九九照相馆此时有一个不为人知的秘密身份，它是中共中央华北局城工部[①]地下电台的情报交通站。帅气的小

[①] 中共中央华北局城工部的前身是1941年春成立的中共中央晋察冀分局城市工作委员会，1944年秋扩大组成晋察冀分局城市工作部。1945年8月日本投降后，晋察冀分局升格为中央局。1946年10月，接管北平的计划取消后，中共北平市委撤销，改设晋察冀中央局城工部。1948年5月，晋察冀、晋冀鲁豫两大区合并，成立中共中央华北局，原城工部也改称中共中央华北局城工部。1948年底，平津战役开始，华北局城工部的同志被分别编入新设立的中共北平、天津市委，华北局城工部完成了历史任务，宣布结束，前后历时8年。

伙子"掌柜"就是地下电台的负责人李雪（中华人民共和国成立后曾任北京市电信局副局长），[①] 会计张彬是地下交通员，以看房子值夜班为名在这里栖身的电厂工人吴宽德是另一名地下交通员。

李雪，原名爱新觉罗·恒贵，满族正蓝旗人，小时候住在东直门地区，是个典型的"老北京"。全国抗战爆发前，他在协和医院工作，是一名普通的劳务工人。他对无线电技术特感兴趣，利用业余时间自学了无线电知识，逐渐掌握了电台设备的安装和修理技能。后来，李雪到北平一家名为"燕声"的民营广播电台工作，

九九照相馆情报交换站负责人李雪

担任电台技术员。在电台工作期间，他结识了从日本留学归来的梁纫武，通过梁纫武又认识了西鹤年堂的刘管。七七事变后，燕声电台解散了，刘管介绍他认识了清华大学学生、中共地下党员熊大鹰。1939 年，李雪与熊大鹰一道来到了晋察冀抗日根据地，李雪在八路军冀中军区电台担任报务员。1942 年 5 月，城工部负责人刘仁将他调到城工部工作，一边担任报务员，一边负责化装工作。

此时，刘仁已经着手筹建北平城内地下电台。1943 年春，

[①] 王岫雯著《船多不碍江流——记解放前西单商场照相馆》，载《旧日西单商场》，北京出版社 1988 年 9 月第 1 版，第 71~73 页。

他从冀中军分区调来报务员赵振民。同年7月，赵振民被秘密派到天津，天天抄收新华社的明码电报，但不和根据地通信，主要是熟悉敌占区大城市的情况，为以后的地下电台工作"练兵"。1945年3月，刘仁又送艾山、何刚、周健、勉思、方亭5人去军区无线电大队学习，准备到北平搞地下电台。

1945年8月日本投降后，城工部决定在北平建立地下电台，以便加强解放区与北平地下党之间的通信联络。在国民党统治的北平建立电台，要克服今天的人们所无法想象的困难，首先是电台器材，而完成这个任务的就是李雪。

在国民党统治区，虽然可以买到一些通信器材，但收、发报机绝对属于违禁品，不得非法买卖。于是，李雪、赵振民在西四北大街开设了一家名叫"龙云"的电料行，地下党"学委"委员崔月犁给他们介绍了一个掩护人刘志义（刘贯支），出任电料行经理。刘志义在北平有广泛的社会关系，家又住在一个尼姑庵里，非常有利于掩护。李雪当电料行的股东，赵振民当伙计。晚上，李雪、赵振民利用电料行收集来的材料，暗地里组装了4部发报机，其中3部留在北平用，一部设法运到天津，供天津地下电台使用。1947年5月，北平地下电台开始和城工部电台互相发报。

光有电台器材还不够，还必须找到合适的掩护点，建立合适的"家庭"，把地下电台人员和电台秘密隐藏起来，才好工作。当时选址有两个条件，第一个是掩护点要好，让人不至于怀疑你；第二个是看场地，能不能把天线拉上。根据刘仁的指示，城工部3部电台分别设在3个地点，地下党组织为他们安排了可靠的掩护关系。

余谷似老太太是崔月犁的关系，一对儿女都在解放区，家里只有一个乳名叫小翔（学名余城）的小孙子。本来余谷似家住在宣武门外老墙根，抗战时期她家就是地下党的落脚点。抗战胜利后，儿子余琦、女儿余明玖去了解放区，家里留下了打字机、油印机还有两颗手榴弹、皮制子弹盒等。

赵振民（左）、余谷似（中）、余谷似的孙子余城

为了避免不测，小翔就趁天黑没人注意的时候，化整为零，一次次地把这些东西扔到了护城河、臭水坑。为了掩护地下电台，余谷似老太太将家搬到旧鼓楼大街118号（老门牌），赵振民住在这里，说是她的表侄。余谷似老太太和孙子小翔不仅给赵振民提供掩护点，还帮着观风、放哨，小翔还负责跑交通，从没有出过差错。①1948年7月，中共地下党在今天帽儿胡同12号（关于此处电台的地址门牌，曾有不同说法，笔者于2009年3月11日实地考察，经与李雪、方亭核实照片，确认为今天帽儿胡同12号）为余谷似老太太"一家"买了5间房，这是一所大宅院的后罩房，独门独院，大门一关就是自己的天下，比起旧鼓楼大街118号好多了。

---

① 何钊、艾山著《地下电台的小交通》，载《北京党史》1997年第3期。

李雪、丁文夫妇住在西交民巷兵部洼91号（老门牌），沈千做他俩的交通员，组成一个"家庭"。于是，沈千与她父亲就成了李雪夫妇的保护人。电台设置、经费筹措、技术指导、机器维修等，都由李雪一手包办。

当时，为了掩人耳目，这些"家"都布置得比较阔绰。比如赵振民、余谷似的家，住房挺宽敞，还故意把一张美国大使司徒雷登的照片挂在墙上，作为挡箭牌。为了逃避国民党抓兵，地下党拿出一两黄金做报酬，由余谷似通过关系，设法给赵振民买了一张国民党骑兵上士的身份证。地下党从天津给李雪买了辆法国摩托。30岁出头的李雪，经常戴着一副墨镜，骑着摩托，仿佛有钱人家的阔少，似乎很有来头。

刘仁为地下电台的同志制定了严格的纪律：

1. 一律停止党的组织生活；

2. 杜绝一切社会关系，不许和亲友往来；

3. 不允许到公共场所活动，不许上电影院；

4. 不许读进步书籍；

5. "安分守己"，深居简出。

此外，报务员、译电员和交通员的工作严格分开，互不接触。报务员只负责收发电报；译电员负责将电报译成密码，或把密码译成电文；负责递送电文的交通员，既不知道电报内容，也不知道电台在哪儿。取送电报都在胡同里进行。每次约定3个时间、3个地点，以防万一有什么变故而中断联系。第一次接不上头，可以依次按原规定再碰头。接头双方不互相打听，不通报姓名。

当时还规定地下电台收发报一律使用密码。进城以后，译电员方亭在西单买了一套言情小说《惜分飞》，4本一套，买两套，自己留一套，送组织一套。从小说中找出其中的一集或一篇，搞成一个密码底，双方商量好怎么译，实际上就是自创了一套密码，第三者基本无法破译。

中共华北局城工部地下党电台译电员方亭

为了安全，组织规定电报一律密写，当时密写的方法就是用稀米汤或面汤写在白纸上，干后不露痕迹，收电人只要用碘酒一擦，字迹就显现出来了。实践证明这个方法非常好，交通员在取送电报的路上，几次碰到军警临时检查，都平安无事。

地下党乔装改扮，国民党也加紧搜寻。每天国民党都有10辆载着仪器的吉普车在北平城内流动侦察地下电台。地下电台的发报人员就通过改变电台的波长、呼号和密码等技术手段躲避侦察。不仅如此，因为电台在一个地方待的时间过久就容易被发现，于是地下电台就采取3台轮换作业、错开发报时间、缩短电文等方式，躲过了国民党的一次次搜查。

1949年1月初的一天早晨，艾山正在洋溢胡同39号（老门牌）里屋的床上发报，突然响起了急促的敲门声，门外站着国民党地方保甲和防护团的4个人。由于猝不及防，方亭把里屋门掩上，艾山开门让进了这伙人。一进门，这伙人就问这里有没有空房子，想号房子①住。于是，艾山就说这儿没有空房子，请他们到别处去找。纠缠了一会儿，这伙人见号不到房子，就悻悻地走了。

原来，傅作义部队的人马退到北平城里后，一时半会儿找不到房子，就到处乱找，这伙儿人就是找房子的。当时，发报机的伪装天线，从里屋经外屋，伸到外边。天线当时就在这伙儿人的头顶上，但他们一心只想着找房子，再加上也不懂得无线电，根本没有注意到天线。等把这些人打发走后，收发报机还摆在里屋的床上呢。

城工部地下电台在解放战争中，发挥了极大的作用。1948年11月29日，平津战役打响后，解放军平津前线司令部每天都能收到大量从北平发来的关于国民党军队动向的电报。这些电报对于前线司令部"做出正确的判断，下定正确的决心，进行正确的部署，具有重要的作用"。②译电员方亨印象最深的情报，就是通过平津铁路局的一个调度，把每天铁路车辆的调度情况发给"家里"（即城工部）。比如从北平到天津、南口的车辆调动，车辆的型号，军队的番号，等等。

1949年1月，南苑机场被解放军占领后，傅作义部队就在东单修了个临时机场。为了封锁机场，解放军开始对东单机场实施炮火封锁。因为当时解放军炮兵的测量仪器比较落后，也没有侦察机侦察弹着点，炮弹打得不准。地下党就派人在东单机场附

---

①号房子：找房子的意思。
②聂荣臻著《战斗在第二条战线上——缅怀刘仁同志》，1979年1月24日《人民日报》。

近观察，然后通过艾山的电台为炮兵校正方位，有效地封锁了机场。为了准备解放军攻城，地下党把北平城门、城墙的位置、高度和厚度进行了详细的调查，地下电台就把这些数据发给城工部，再由城工部转给解放军。①

北平地下党还通过傅作义的女儿傅冬菊，将"华北剿总司令"傅作义的一举一动，通过地下电台传回了城工部。比如傅作义每天的动态、情绪，是焦躁还是唉声叹气，一着急就爱咬火柴棍，等等。后来聂荣臻称赞道：

"在战场上，像这样迅速、准确地了解敌军最高指挥官的动态乃至情绪变化，在战争史上是罕见的。"②

1949年1月21日，解放军平津前线司令部与傅作义的代表，在《关于和平解决北平问题的协议》上签字，傅作义拟订了一份起义文稿，地下电台也将这些文件发给城工部。1月29日，李雪、艾山和方亭组成的地下电台小组接到了从根据地发来的最后一封电报，也是至今都让他们难以忘却的一封电报。60年后，报务员艾山回忆道：

---

①解放战争时期，中共在北平的地下组织分属于三大系统，即社会部、城工部、敌工部。社会部系统主要负责情报工作，有中共中央社会部、华北局社会部、冀热察辽社会部、东北局冀热察社会部、晋察冀北岳区党委社会部等；城工部系统主要负责党的工作和群众工作，有华北局城工部、冀中区党委城工部等；敌工部主要负责军事情报工作，主要是解放军总部敌工部。

②聂荣臻著《战斗在第二条战线上——缅怀刘仁同志》，1979年1月24日《人民日报》。

"家里"的刘文昌用英语给我发来一份电报,说明天"老头儿"(即刘仁)要到你家去。我这一听,到我家来就说明要解放了,感到特别高兴。一高兴,结果把坐着的小矮板凳一下蹾烂了,躺在地上哈哈地笑。李雪、方亭赶紧问:你在干吗呢?我跟他们说,要解放了,要解放了,明天"老头儿"上咱们家来。

1949年2月1日下午,刘仁、周荣鑫乘坐吉普车进城了,一见到李雪,刘仁第一句话就问:电台出事没有?接着高兴地说:通知电台,停止工作。

北平解放了,地下电台完成了历史任务,九九照相馆也结束了地下情报交通站的使命,李雪又将照相馆还给了原来的房主。

小酱坊胡同的一个院子

国民党华北"剿总"司令傅作义为1949年北平和平解放立下大功,毛主席赞誉他:你是北京的大功臣,应该奖你一枚像天坛一样大的奖章。1955年,毛主席亲自授予他"一级解放勋章"。从1948年至"文化大革命",傅作义先生一直住在小酱坊胡同27号。

1949年2月23日下午,毛泽东在西柏坡接见傅作义先生。坐下后,他问毛主席:我是回北平,还是住在这里?毛主席先是一愣,接着笑着说:你在北平不是住得好好的吗?不久,我们也要到北平去。将来咱们可以更好地合作，建设我们的国家。当毛泽东问他愿意做什么工作时，傅作义先生回答说：我不能在军队里工作了，最好让我回到黄河河套一带，去做点儿水利建设方面的工作。毛泽东接过他的话说：你对水利感兴趣？黄河河套水利工作面太小，将来你可以当水利部部长嘛！那不是更能发挥作用吗？傅作义先生中华人民共和国成立后的工作由此定了下来。

1947年1月16日，傅作义就任"张垣绥靖公署"主任

20世纪五六十年代，傅作义先生先后将自己东城史家胡同47号、海淀镇港沟14号的两处住宅交给国务院机关事务管理局，归公分配，并将自己的小酱坊胡同27号住房产权交给西城区房管部门，按期缴纳房租使用。

中华人民共和国成立前，傅作义先生开办工厂和贸易公司，积累资金用于编制外人员的开支、阵亡将士的抚恤及创办学校等，中华人民共和国成立后尚存380余万元，除1962年用40万元购买公债外，其余全部上缴国家。毛主席批示：将款存入人民银行，仍归傅作义支配使用。但他分文未动，1974年病危时，全部上缴国务院，做到了"公私分明，清白一生"。[1]

傅作义先生有心脏病，在小酱坊胡同住的是一座小楼，上下

---

[1] 顾育豹著《水利部长傅作义晚年最大的愿望是看到祖国的统一》，载《世纪风采》2009年第2期。

楼十分不便。周总理得知后，责成有关部门盖了一座平房，请他在那里居住办公。1974年4月中旬，傅作义先生弥留之际，周总理拖着病重的身体去看他：傅作义先生，毛主席说你对和平解放北平立了大功！

小酱坊胡同27号后来住进了国务院副总理谷牧。

谷牧1914年9月出生于山东荣成宁津东墩村，原名叫刘家语，1931年参加地下革命工作后改名谷牧。他1931年加入中国共产主义青年团，1932年转为中共党员，1934年任北平"左联"支部代理书记。

1978年5月，时任国务院副总理的谷牧率中央考察团出访西欧，在回忆录里，他用"紧迫感"表达了当时的心情，他被中、西方间的落差所震动。在考察报告中，他提出：为了更大规模地引进国外技术设备，要有灵活的支付方式；在外贸体制上，应给地方、各部以一定的权力；必须进行以科技为主导的工业革命；加强技术交流，尽可能多地派留学生到国外学习。这份考察报告得到了邓小平以及叶剑英、聂荣臻等老帅们的支持。

1979年5月，谷牧亲赴广东、福建两省。20多天的调研结束后，他勾勒出了特区政策的轮廓：经济计划以省为主，赋予这两省较多的机动权。财政上划分收支，新增收益较多的部分留给地方；在深圳、珠海、汕头、厦门各划出一定区域办出口特区，优惠税率，吸引外资，发展出口商品的生产。9月，他赴日本，敲定了改革开放后的第一笔外国政府贷款，成为日后大规模利用国外贷款的先行者。随后，他出任国家进出口管理委员会主任，着手制定《中

小酱坊胡同27号

华人民共和国中外合资经营企业法》,这是中国第一部利用外资的法律,吸收外商资金从此有了法律保障。

1980年,谷牧任中共中央书记处书记。1982年,任国务委员。1988年,任全国政协副主席。他长期分管经济工作,是改革开放的积极支持者,是创立经济特区的主要决策人之一,被誉为"改革开放的工程师"。1988年,年事已高的他即将离开国务院领导岗位。当年3月,他在沿海地区对外开放工作会议上说:外向型经济在沿海地区将会变成活生生的现实,我有这个信心。

笔者在1990年为了征集20世纪30年代北方左翼文化运动的资料,曾经到小酱坊胡同谷牧家采访。他很热情、很健谈,看到我们提供的当年他亲手编辑的左翼报纸复印件,非常高兴,一个劲儿地问:你们怎么搞到的?采访结束后,他饶有兴趣地向我们介绍他收藏的各种石头。我不懂得什么石头,但也看出他的收藏不是为了保值增值,而是一种情趣。这里的每块石头都有来历,像什么在哪里视察捡的、在哪国访问时找的。其中有一块石头,他向我们介绍说：这是李鹏总理访问非洲后送给他的。我当时看了看，一块黑黢黢的小石头，还真看不出什么名贵来，但这承载着一种友谊、一个记忆。

住在小胡同里的谷牧十分关心恭王府。周总理去世前曾把他叫到身边，嘱咐3件事：抢救恭王府、建设北京图书馆新馆、改建琉璃厂。

恭王府的腾退工作并不顺利。2001年3月18日，谷牧再一次到了恭王府。站在府邸大门口，这位已近90岁高龄的老人一字一顿地对陪同人员说：这个工作不完成，我没法儿向总理交代。恭王府不开，我死不瞑目。2003年11月5日，谷牧和李岚清相约到了恭王府。当谷牧谈到是受周总理的托付，多年来一直关注恭王府的搬迁、修复和开放工作时，李岚清说：谷牧同志受周总理委托，我是受谷牧同志的委托，抓了5年恭王府的工作。直到2006年11月，占用恭王府的单位才全部迁走，恭王府的匾牌才挂上大门口。2009年11月6日，96岁的谷牧逝世，他看到了恭王府的修缮开放。

后 记

　　我喜欢老北京的历史文化，觉得它有嚼头，越嚼越香，越嚼越有味儿。这些年，我在从事党史研究、宣传工作之余，走街串巷，去寻觅、亲近老北京的一巷一院、一物一音，去发现、品味老北京的一砖一瓦、一笑一颦，也撰写出版了几本记述老北京的书籍，算是对传承老北京历史文化的一点微薄贡献。

　　西单我去过很多次，很喜欢那里的街巷宅院、老字号、时尚名店，但从没有动过写西单的念头。直到2016年，北京市地方志办公室谭烈飞副主任让我写《北京地方志·风物图志丛书》之《西单》。当时我很犹豫，一是担心史料积累不够，二是担心自己文笔不精，怕有辱西单传世的盛名。但在他的鼓励下，我还是应承了这个任务。于是，我学范例、查资料、走实地、拍照片、访旧踪，终于拙笔而作《西单》一书。在撰写过程中，我还得到了西城区党史办公室徐秀珊老师、西城区档案局周海南老师的鼎力支持，尤其是首商集团股份有限公司董事长于学忠先生，为我提供了大量珍贵的有关西单商场的历史资料，此外，我还得到了北京市地方志办公室及北京出版社的同志耐心周到的指导。

此次《西单》再版，对原稿进行了适当的修改、补充、删减、完善，并收录《京华通览》丛书中。在此，对曾给予我支持和帮助的同志们再次表示深深的谢意。

由于本人掌握史料及水平所限，书中定有不妥之处，敬请各位读者不吝赐教。

刘 岳

2017年11月